DIX ANS

DE HAUT-TONKIN

GRAND IN-8° CARRÉ

PROPRIÉTÉ DES ÉDITEURS

Vue de Lao-Kay, sur la rive gauche du fleuve Rouge.

DIX ANS

DE

HAUT-TONKIN

PAR L. GIROD

MISSIONNAIRE APOSTOLIQUE

—

DEUXIÈME ÉDITION

TOURS

ALFRED MAME ET FILS, ÉDITEURS

—

M DCCC XCIX

AUX

MISSIONNAIRES ET SOLDATS DU TONKIN

UN DES LEURS

L. GIROD, *Miss. apost.*

DIX ANS
DE
HAUT-TONKIN

I

Préambule. — La Suisse tonkinoise. — Sur le fleuve Rouge. — De Hanoï à Son-Tây. — Un invalide. — Réunion fraternelle. — Morts et survivants.

Au mois d'août 1886, après une année d'aumônerie à l'hôpital militaire de Hanoï, je rentrais à la Mission, me remettant à la disposition de Mgr Puginier, de sainte et vénérée mémoire. Dieu ait son âme en beau Paradis !

J'attendais une destination quelconque, résigné à tomber de Charybde en Scylla, de l'hôpital au collège, si telle était la volonté de Dieu. Mais, il faut l'avouer, le Delta, avec ses plaines de Beauce et ses étangs de Bresse, ne jouissait pas de mes sympathies, et, vrai Jurassien, je levais mes regards vers les montagnes..., vers la Suisse.

Amis lecteurs, laissez-moi vous dire d'ores et déjà que « la Suisse », au Tonkin occidental, est tout bonnement le vaste et beau district de Xú'-Doài, qui forme aujourd'hui le nouveau vicariat apostolique du Haut-Tonkin, comprenant les provinces de Sơn-Tây, Hung-Hóa et Tuyên-Quang, avec les troisième et quatrième territoires militaires.

Limites : au nord, le Yun-Nan; à l'est la rivière Claire et le fleuve Rouge; à l'ouest, les grandes chaînes du bassin de la rivière Noire; enfin, au sud, la province de Hanoï.

Notre Saint-Père le pape Léon XIII, glorieusement régnant, *quem Deus sospitem servet*, a choisi pour premier vicaire apostolique du Haut-Tonkin M. Paul-Marie Ramond, missionnaire du Tonkin occidental, qui a été sacré à Hanoï, sous le titre d'évêque de Linoé, le 15 octobre 1895.

Donc, il y a déjà bel et bien dix ans de ma vie, je soupirais de toute mon âme après les belles montagnes de la Suisse tonkinoise; et, avec un peu d'autosuggestion, je m'y croyais déjà parvenu.

Depuis le moment où, au grand séminaire de Lons-le-Saunier, je relisais les épreuves typographiques de la *Vie du vénérable P. F. Néron, décapité pour la foi au Tonkin*, j'avais mis le doigt et le cap sur Yên-Tâp, paroisse centrale du district de Xú'-Doài. Pour moi, c'était écrit.

Grande fut donc ma joie, profonde ma reconnaissance envers la Providence, quand Mgr Puginier me fit appeler et me dit paternellement :

« Allons, vous serez sage, je vous envoie en *Suisse*, faites vos paquets ! »

Trois ans auparavant, le P. Rival, du diocèse de Lyon, avait laissé la place vide pour aller, sur la frontière du Laos, cueillir la palme du martyre.

En quelques mois, ce zélé et savant missionnaire avait parcouru, à pied, cet immense district, dressant la carte du pays, faisant le recensement de la population chrétienne et réconfortant, par les sacrements, les malheureuses brebis de Notre-Seigneur trop longtemps abandonnées à la rage des loups.

Pour se faire une idée de la désolation de ce pays, il suffira de savoir que la paroisse de Sông-Chây, entre Phû-Doan et

Phû-an-Binh, qui, vingt-cinq ans auparavant, comptait deux mille cinq cents chrétiens, n'en avait plus que mille environ en 1883. Les agents ou facteurs de dépopulation, comme on dit en statistique, étaient la guerre, la faim, la peste, le tigre... enfin et surtout ces monstres à face humaine, qui s'appelaient les Pavillons-Noirs et les Pavillons-Jaunes. Pendant leurs luttes pour le monopole du pillage et des massacres, ces frères ennemis avaient mis tout le pays à feu et à sang.

Les boudhistes n'avaient pas été plus épargnés que les chrétiens. Puis, lors de l'intervention française au Tonkin, la cour de Hué n'avait pas manqué d'utiliser contre nous les bandes de Luu-Vinh-Phúc, et, devant la menace d'une extermination complète, les débris de la population chrétienne du Xú'-Doài s'étaient réfugiés à Hanoï, sous la houlette protectrice de Mgr Puginier. Cependant, les citadelles de Son-Tây, Hung-Hóa et Tuyên-Quang étaient tombées aux mains de nos vaillants soldats, qui, refoulant l'ennemi jusqu'à Lao-Kay, installaient sur tous les points importants du pays des postes militaires, destinés à protéger les populations et à leur permettre de vivre en paix à l'ombre du drapeau de la France.

Après les héroïques campagnes de l'amiral Courbet, des généraux Brière de l'Isle et de Négrier, le général de Courcy venait de tirer, à Thanh-Mai, le soi-disant dernier coup de canon du Tonkin, et croyait bien certainement avoir fait de la bonne besogne... Hélas !... trois fois hélas !...

Quoi qu'il en soit, Mgr Puginier jugea le moment venu de replacer des missionnaires dans le district nord, et, le 6 août 1886, le P. Ambroise Robert et votre serviteur, joyeux comme des échappés de collège et d'hôpital, s'embarquaient à Hanoï, sur un remorqueur qui traînait un énorme chaland chargé de troupes et de matériel. Certes, nous n'étions pas transfigurés, mais simplement émus et heureux d'aller de l'avant dans un magnifique pays de hautes montagnes et de grandes rivières. Les cimes altières de Ba-Vi et du Tam-Dao attiraient nos regards, qui, bientôt éblouis par le soleil, se rabaissaient piteusement, pour prendre un autre bain de lumière et de chaleur sur l'immense nappe d'eau chaude qu'est le fleuve Rouge à cette époque de l'année.

Notre pauvre remorqueur, fumant à toute vapeur, ne marchait pas vite, malgré les efforts furieux de sa machine.

Pour prendre patience, avant d'arriver à Son-Tây où nous devons débarquer, laissez-moi vous raconter l'histoire de ce jeune Annamite, couché là entre deux caisses de cartouches.

Paul Tinh, tel est son nom, a servi de guide aux troupes françaises. Dans une rencontre avec les Chinois, il a eu la cuisse fracassée par une balle; mais le commandant français ne l'a pas abandonné à son malheureux sort. Transporté à l'hôpital d'Hanoï, notre petit blessé supporta courageusement plusieurs opérations et de longs mois d'atroces souffrances. Je ne le voyais pleurer qu'au souvenir de ses vieux parents et de sa jeune femme, qu'il n'espérait plus revoir. Mais les médecins le pansèrent, et Dieu le guérit. Dès qu'il put marcher avec des béquilles, ce fut pour venir à la chapelle recevoir le Pain des forts. Quand je fis mes adieux à l'hôpital, Paul Tinh, voyant que je partais du côté des montagnes de son pays, me supplia de le faire rapatrier. J'obtins pour lui une place à bord de notre remorqueur.

Aujourd'hui Paul Tinh est heureux père de famille, sans jambe de bois, mais avec un certificat d'origine de blessure, grâce auquel il peut de temps en temps se faire exempter des corvées trop lourdes, imposées par le mandarin sous-préfet et vilain cadet de céans.

A quelque chose malheur est bon.

Enfin voici la nuit, la fraîcheur et Son-Tây... Son-Tây, la ville illustrée par le martyre des Vénérables Cornay, Schœffler et Néron; Son-Tây, la gloire de Courbet et de ses admirables soldats.

Panorama de la ville de Hung-Hoa, chef-lieu de la Mission du Haut-Tonkin.
2. École française. 1. Mission.

Mais, pour l'instant, débarquons...

Nunc pede libero pulsanda tellus.

Et allons demander à dîner, à souper si vous aimez mieux, aux chers Pères Richard et Méchet, missionnaires de la Cité, chez qui nous trouvons un autre confrère et ami, le P. Idiarth.

Cinq missionnaires réunis ensemble à Son-Tây! depuis la création du monde, ça ne s'était jamais vu. Aussi je vous laisse à penser si nous avons bien chanté, ce soir du 6 août 1886. Vive la Suisse et Son-Tây!...

> O Dieu, de tes soldats, la couronne et la gloire,
> Dieu, par qui nos martyrs ont gagné la victoire,
> Daigne écouter nos vœux en ce jour!

Nos vœux, c'était la gloire de Dieu, le salut des âmes, l'honneur du nom français! Nous chantions tous en cœur, pleins de jeunesse et d'espoir... et maintenant, après dix ans, trois d'entre nous reposent déjà dans la tombe à Son-Tây même, y attendant le jour de la bienheureuse résurrection!

Le P. Adrien Richard, du diocèse de Nantes, parti de France pour le Tonkin en 1879, avait été envoyé à Son-Tây comme aumônier de l'hôpital militaire, quelques jours après la prise de la ville. Excessivement bon, il s'était aussitôt concilié le respect et l'affection de tous, en répandant autour de lui la bonne odeur de Jésus-Christ. Malheureusement, le triste état de sa santé ne lui permit pas longtemps de se livrer à la vie active, autant qu'il en éprouvait le désir. Il lui fallut passer bien des jours et des nuits sur sa chaise longue ou sur son lit, égrenant doucement son Rosaire, *pro vivis et defunctis.*

Le bon P. Richard mourut pieusement le 23 février 1888, et fut inhumé au milieu des fleurs du jardin de la Mission, derrière le chœur de la petite chapelle où il avait eu le bonheur de placer le Très Saint-Sacrement.

Entrée principale de la résidence de Hung-Hoa.

Le P. Idiarth, du diocèse de Bayonne, arrivé au Tonkin en 1884, était déjà ce qu'il est resté toute sa vie, l'émule des vieux par sa sagesse, l'exemple et le modèle des jeunes par son zèle et sa piété. Successivement missionnaire au Thanh-Hoá et curé de Hanoï, il devait revenir mourir saintement à Son-Tây, le 25 mars 1893.

Et le troisième, dont la tombe vient de se fermer le 27 juin 1896, n'est autre que le cher P. Ambroise Robert, du diocèse de Lyon, qui arrivait avec moi à Son-Tây, le soir du 6 août 1886. Le bon Dieu l'a enlevé à la jeune Mission du Haut-Tonkin, dont il était, par ses vertus et ses brillantes qualités, l'espérance et le soutien.

Seigneur Jésus, exaucez la prière que je dépose sur la tombe de ces trois regrettés confrères !

Des deux survivants de la réunion de Son-Tây, l'un, le P. Méchet, est actuellement curé de Hung-Hoa et construit la cathédrale du Haut-Tonkin.

L'autre, votre serviteur, écrit ces lignes de Lao-Kay, point extrême de la Mission, sur la rive gauche du fleuve Rouge.

Après moult grandes chevauchées et campagnes apostoliques, plus actives que méritoires, me voilà échoué au poste frontière du Tonkin, où je dois construire en face de la pagode chinoise, à côté de l'ambulance et des casernes de la Légion et des Tirailleurs, une église ou plutôt une chapelle dédiée au sacré Cœur de Jésus... qui aime les Francs. — *Pro Deo et Patria.*

II

Son-Tây. — Souvenirs religieux et militaires. — Martyrs et soldats.

Nous sommes donc à Son-Tây, la ville des montagnes de l'Ouest, assise dans une situation très pittoresque, sur la rive droite du fleuve Rouge, non loin du mystérieux mont Ba-Vi, dont on aperçoit les flancs sinueux, tapissés de verdoyants pâturages, tandis que sa tête altière, couronnée de noires forêts, se détache admirablement sous l'azur du ciel bleu... quand il fait beau... Car, quand il tombe de la pluie, quand l'orage gronde, que les éclairs et le tonnerre se mettent de la partie, vous comprenez bien, le spectacle est différemment grandiose.

Le vieux Ba-Vi, montagne des légendes et des esprits, mériterait bien un essai de description: *Sed vobis parco... mihi quoque.*

Son-Tây est le chef-lieu d'une province de première classe avec un *tông-doc* (gouverneur), qui avait autrefois la haute main sur les deux provinces subalternes de Hung-Hóa et de Tuyên-Quang.

Depuis l'époque héroïque de Francis Garnier (1873), Son-Tây, avec l'appui des Pavillons-Noirs, était réputé un boulevard imprenable, derrière lequel s'abritaient la morgue, la lâcheté et la tyrannie des mandarins annamites. Au son du canon et aux cris de : « Vive la France! » l'amiral Courbet a fait crouler tout ça. Mais ce triomphe à jamais glorieux nous a coûté cher.

Dans les journées des 14, 15 et 16 décembre 1883, nous avons eu cinq officiers tués et vingt blessés; quatre-vingt-douze soldats tués et trois cent dix-huit blessés! Aussi, en arrivant à Son-Tây pour la première fois, tout Français doit se sentir le cœur fier et triste en même temps. Ce fut, du moins, l'impression que je ressentis, en visitant cette ville à moitié en ruines, où les soldats de toutes armes marchaient crânement au milieu des tombes de leurs camarades. Des tombes, il y en avait partout! Ah! certes, la fin de ces braves soldats a été glorieuse, car ils ont fait avec joie le sacrifice de leur vie pour l'honneur du drapeau; mais à Son-Tây, plus que partout ailleurs, le missionnaire ne peut s'empêcher de répéter avec une conviction intime :

> Si mourir pour la France est un illustre sort,
> Quand on meurt pour son Dieu, quelle sera la mort!

Car, derrière ces remparts ébréchés par nos boulets, cette prison royale, aujourd'hui transformée en salle de police militaire, a vu trois missionnaires français à la cangue, aux fers et en cage. Dans ces palais de mandarins, aujourd'hui casernes des vainqueurs occidentaux, nos martyrs ont été torturés, soufflétés, insultés pour le nom de Jésus-Christ. A la porte sud de la ville, sur la route de Hanoï, on voit encore les deux tertres recouverts de gazon où furent exécutés les Vénérables Cornay, Schœffler et Néron. Les actes de ces héroïques serviteurs de Dieu, dont la cause de béatification est introduite auprès du Saint-Siège, sont connus de tous les associés de l'Œuvre de la Propagation de la Foi; mais, en arrivant sur le champ de bataille et de triomphe de ces martyrs, dans le sang desquels a été fondée la nouvelle église du Haut-Tonkin, je ne puis m'empêcher de leur consacrer au moins quelques lignes. *Salvete, flores martyrum !*

Le Vénérable Charles Cornay, né le 27 février 1809, à Loudun (diocèse de Poitiers), n'était encore que diacre quand il partit de France, destiné à la Mission du Su-Tchuen. La per-

Son-Tây. — Pagode de Phu-Nhi.

sécution fermait alors l'entrée des ports de Chine et rendait impossible la voie du fleuve Bleu. Pour pénétrer au Su-Tchuen, le jeune apôtre devait donc traverser le Tonkin et le Yun-Nan, autrement dit suivre cette fameuse artère du fleuve Rouge, signalée par les missionnaires dès l'année 1812, mais que M. Jean Dupuis découvrit dans la suite.

Pendant son séjour au Tonkin, le missionnaire reçut en 1834 l'ordination sacerdotale, et de nouvelles difficultés l'empêchant d'entrer en Chine, il fut définitivement incorporé à la Mission du Tonkin occidental.

Il travaillait avec zèle dans la paroisse de Baû-No, district de Xú'-Doài, quand il fut arrêté (juin 1837) par les satellites du gouverneur de Son-Tây. Mis en cage et transporté au chef-lieu de la province, le généreux confesseur de Jésus-Christ était obligé de chanter pour avoir de quoi payer son écuelle de riz, en satisfaisant la curiosité des spectateurs. Mandarins, soldats, gens du peuple, tout le monde admirait sa sérénité et son courage.

Mais le tigre royal, qui avait nom Minh-Mênh, était altéré de sang chrétien: la sentence de mort arriva bientôt de Hué. M. Cornay, qui avait déjà subi cent quinze coups de rotin dans les diverses séances du tribunal, était condamné à être *lang tri*, c'est-à-dire à avoir tous les membres coupés. Le 20 septembre eut lieu cette affreuse exécution: les bourreaux mangèrent le foie et léchèrent le sang du martyr! Les reliques rachetées à prix d'or furent rapportées à Chieû-Ung, chrétienté de la paroisse de Yên-Tâp.

Le Vénérable Augustin Schœffler est un enfant de la Lorraine : il vit le jour à Mittelbronn, en 1822. De bonne heure, il se sentit appelé aux Missions; mais ce n'est qu'après avoir triomphé des plus grand obstacles opposés par sa famille à sa vocation qu'il fut ordonné prêtre à Paris, en 1847, et s'embarqua pour le Tonkin.

Le jeune missionnaire appelait le martyre de tous ses vœux:

« Le petit coup de sabre, disait-il, oh! quelle grâce! »
Dieu l'exauça.

M. Schœffler, envoyé en 1849 dans la paroisse de Baû-No, tomba bientôt entre les mains des soldats des mandarins; et, le 1er mai 1851, il alla triomphalement au supplice, ayant jeté ses sandales pour marcher plus à l'aise.

Son-Tây. — Pont de la porte sud de la citadelle.

Le troisième prêtre français martyrisé à Son-Tây est le Vénérable Pierre-François Néron. Il naquit à Bornay (diocèse de Saint-Claude), au pied des monts Jura. Après avoir passé par les petits séminaires de Nozeroy et de Vaux, puis par le grand séminaire de Lons-le-Saunier, où l'on conserve le souvenir de ses vertus, il vint en 1846 au séminaire des Missions étrangères de Paris et y acheva ses études théologiques. Le 28 mars 1849, après mille périls sur terre et sur mer, il arrivait à Ké-Vinh près de Mgr Retord. Successivement dans la province de Hanoï, dans le Kim-Son, sur les bords de la mer, puis à la tête du collège de Ké-Vinh, M. Néron reçut en 1855 sa feuille de route pour le district de Xú'-Doài... et le martyre.

A cette époque, de par Tu-Dúc et ses mandarins, il était interdit aux missionnaires de respirer à ciel découvert, sinon la nuit, dans les forêts peuplées de tigres. Le jour, il fallait se cacher dans des souterrains, en compagnie des crapauds et des serpents. Oh! que les catacombes devaient être plus belles aux premiers siècles du christianisme! Enfin, après trois années de souffrances et d'inquiétudes, qu'une âme trempée comme la sienne seule pouvait supporter sans faiblir, M. Néron, traqué comme une bête fauve par les soldats, se vit découvert sur le territoire de la paroisse de Yên-Tâp et livré par un traître.

Le 7 août, il arrivait en cage à Son-Tây.

Le prisonnier du Christ subit le rotin sans laisser échapper un soupir, observa pendant vingt et un jours un jeûne rigoureusement strict, et sans avoir voulu accepter le papier et la plume qu'on lui offrait pour écrire ses adieux à ses parents et à ses amis, muet comme la grande victime du Calvaire, il présenta sa tête au bourreau le 3 novembre 1860.

Les restes du Vénérable sont déposés dans l'église de Bách-Lôc, paroisse voisine de Son-Tây. Compatriote de ce glorieux martyr, à l'intercession duquel je me crois redevable de ma vocation apostolique, je fis avec dévotion mon pèlerinage à Bách-Lôc. Le cœur plein de reconnaissance et de respect, je me prosternai sur les dalles froides, qui retiennent encore captives les saintes reliques de cet enfant de l'église de Saint-Claude.

On ne me blâmera peut-être pas de raconter comment j'entendis, pour la première fois, prononcer le nom du martyr. C'était dans ma quatrième année de petit séminaire, au réfectoire, un jour où la pitance paraissait un peu maigre aux six bonshommes de notre carré. Chacun voulait avoir la part du lion et, afin d'éviter les jeux de vilains et les gros mots, nous tirions les parts au sort, en faisant pivoter un couteau dont nous attendions anxieusement l'arrêt décisif. Juste à ce moment, entra le digne professeur de mathématiques, que l'on appelait respectueusement « le Père la Règle ». Bien certainement, lui n'avait jamais eu cet esprit écolier. Cependant notre manège lui sauta de suite aux yeux et gravement il nous dit :

« Un de vos anciens, le P. Néron, missionnaire martyrisé au Tonkin, choisissait toujours le plus mauvais morceau !... Vous ne lui ressemblez guère. »

Et il passa, après avoir semé cette parole de mortification. Je ne me rappelle plus si nous la mîmes en pratique. Nous dûmes probablement faire de la concentration et partager en frères l'assiette, qui n'était pas au beurre.

Quoi qu'il en soit, me voilà missionnaire dans le district du P. Néron : je n'ai pas eu la mauvaise part et je souhaite que mes cinq camarades lancés dans le monde,

> Où les plus belles choses ont le pire destin,

soient aujourd'hui, comme moi, contents de leur sort.

Ah! la jeunesse est bien belle avec ses rêves ambitieux et ses élans de naïf enthousiasme vers l'avenir !... la gloire !... le bonheur !... la fortune !... Mais tout est vanité, déception, amertume, hors aimer Dieu, *cui servire regnare est*. Le monde n'a de grand que le vide qu'il laisse dans le cœur de l'homme. Les brillants officiers dont l'existence a été fauchée sous les murs de Son-Tây étaient-ils tous, comme nos martyrs, prêts à paraître devant Dieu ? Seigneur Jésus, donnez-leur à tous le repos éternel !

III

Départ pour Baû-Nọ. — Jubilé à Ngoc-Thàp. — Enlèvement du curé de Du-Bô. — Le Bô-Giàp. — Tiên-Kieng. — Les spahis de Thanh-Mai. — Duc-Phong. — Le Père Câp. — Petite colonne. — Attention !

Maintenant, il nous faut partir pour Baû-Nô, chef-lieu de paroisse situé sur la rive gauche du fleuve Rouge, à huit kilomètres au-dessus du poste militaire de Viêt-Tri.

Nous devions y célébrer la fête de l'Assomption. Il faisait un temps abominable, chaleur atroce et pluie battante, un vrai temps à canards sauvages tonkinois. Heureusement, les P. Richard et Idiarth, qui nous accompagnaient, se sentaient aussi bons marcheurs que jamais, et après avoir plusieurs fois mesuré notre longueur sur un chemin boueux, glissant, malaisé, nous finîmes par arriver sans encombre à Baû-No.

A la porte du village, le vieux P. Khoan, curé de la paroisse, nous fit présenter les armes par quelques jeunes *pompiers*, porteurs de vieux fusils à mèche et à pierre. Deux ou trois paquets de pétards éclatèrent en notre honneur, et au milieu d'une foule d'enfants qui battaient des mains et poussaient des cris de joie, nous entrâmes dans l'église, ancienne pagode d'où le diable avait été expulsé, sans décret préfectoral. C'était d'une pauvreté sombre ; et la cure, hélas ! quelques mauvaises cases délabrées. Mais rien n'est sacré pour les pirates, et bientôt l'incendie et le massacre passeront par là.

Ne débutons pas par la tristesse. La sainte Vierge nous protège : missionnaires français et chrétiens annamites, nous sommes tous heureux de célébrer solennellement la glorieuse Assomption de Marie, Reine des anges et des hommes. Quant à l'avenir... *Sub tuum præsidium confugimus, sancta Dei genitrix !*

Pendant que nos confrères retournaient à Son-Tây, le

Pagode sur le bord de la rivière.

P. Ambroise Robert et moi, *bini ante faciem Dei*, nous partions prêcher le jubilé à Ngoc-Thàp, à vingt kilomètres au nord-ouest de Baû-No. Les chrétiens des villages voisins Hâ-Thach, Trù-Mât, Bai-Rông, Thanh-Lâu, s'empressèrent de répondre à la grâce de Dieu avec une vivacité de foi qui faisait la consolation des missionnaires.

Une mauvaise nouvelle troubla notre joie : le P. Tuyên, curé de Du-Bô', venait d'être enlevé par les pirates. Ce prêtre indigène qui se trouvait alors à la chrétienté de Ngoi-Lao, à côté d'un poste français, avait donné quelques renseignements utiles aux officiers de la région : pour se venger, en même temps que pour répandre la crainte dans le pays, moyen pratique de battre monnaie, le Tán-Giât, chef rebelle du *huyên* (sous préfecture) de Ha-Hóa, avait agi sans scrupule concordataire et fait séquestrer le bon vieux curé. Nous devions donc nous tenir sur nos gardes, d'autant plus que, près de nous, à Ta-Xá et Ngô-Xá, des bandes de rebelles rançonnaient, pillaient et menaçaient de massacrer les chrétiens.

Le chef et l'organisateur de la guerre à outrance contre les Français dans cette région du fleuve Rouge, à cette époque, était le fameux Bô-Giàp, ex-mandarin des tributs de la province de Son-Tây. Au lieu d'imiter la fuite honteuse de Hoâng-Ké-Viêm et de Lu'u-Vinh-Phúc, le Bô-Giàp avait rallié autour de lui les partisans dévoués de l'Annam, et réquisitionnant de force les vivres et l'argent, il faisait une guerre d'escarmouches très pénible pour nos soldats. Le Bô-Giàp lutta jusqu'à sa mort, en 1889 ; il eut pour successeur son lieutenant, le Dè-Kièu, qui fut obligé de faire sa soumission au colonel Pennequin en 1893.

Mais, ne marchons pas trop vite. Par prudence, Mgr Puginier nous avait défendu d'aller dans les paroisses de Yên-Tâp et de Du-Bô, où les prêtres indigènes pouvaient se tirer d'affaire avec les rebelles plus facilement que des missionnaires français.

C'est pourquoi, après avoir terminé notre travail spirituel à Ngoc-Thâp, nous nous repliâmes en bon ordre sur Tiên-Kieng, importante chrétienté dont les différents hameaux sont protégés par de solides haies de bambous. Tout dernièrement, le P. Khoán avait failli s'y laisser surprendre ; il s'enfuyait par la porte de derrière, quand les bandits entraient par la porte de devant. La première règle de l'art de la guerre dans ce charmant pays où fleurit l'oranger, mais aussi le pirate, est de toujours avoir une issue pour déguerpir sans tambours ni trompettes : on a toute liberté, par ce moyen, de prendre la clef des champs et de battre la campagne.

Pour le moment, nous pouvons sans inquiétude donner la Mission aux braves gens de Tiên-Kieng. Grâce au P. Ambroise, que beaucoup ont connu à Hanoï, lors de l'exode des chrétiens de Xú'-Doài, on nous fête tous les jours à qui mieux mieux : riz de gala. Les gens de Tiên-Kieng sont aussi hospitaliers que leur village est joli. Collines couvertes de beaux lataniers et d'arbres à laque; rizières arrosées toute l'année par des sources d'eau vive, et le *nec plus ultra,* c'est que, dans ce pays-là, les pigeons ramiers, les perdrix et les poules sauvages sont tellement bien élevés, que c'est comme dans un parc réservé.

Voulez-vous vivre à Tiên-Kieng? Vous ne serez pas embarrassés pour vous construire une belle case en feuilles de latanier, matériaux verdoyants et légers bien préférables à la tuile et à la brique, sauf en cas d'incendie. Un autre arbre dont la culture est aussi une grande ressource pour cette région, le *cây-son* (arbre à laque), fournit un vernis des plus brillants, d'un usage très répandu au Tonkin. Tous les meubles et ustensiles d'une maison qui se respecte doivent être laqués; les Tonkinois bon teint se laquent jusqu'aux dents. Pas de chance pour les dentistes, qui seraient ici au désespoir.

Non loin de Tiên-Kieng se trouve Thanh-Mai, village rendu désormais fameux par une canonnade qui ne ressemble cependant guère à celle de Valmy. Cette position, à la hauteur de Hung-Hóa, dans les mamelons compris entre le fleuve Rouge et la rivière Claire, avait été solidement fortifiée par le Bô-Giàp et son principal lieutenant, le Lañh-Nhu. Un bataillon de zouaves, qui marcha d'abord contre Thanh-Mai avec plus de précipitation que de tactique, ne fut pas heureux (23 mars 1885). Pour venger glorieusement cet échec, le général de Courcy voulut frapper un grand coup; mais quand, après des préparatifs formidables, on investit Thanh-Mai (21 octobre), l'ennemi avait prudemment déguerpi.

Une compagnie de tirailleurs tonkinois et un escadron de spahis algériens occupaient le plateau de Thanh-Mai au mois de septembre 1886. Nous allâmes faire une visite aux officiers, qui nous accueillirent très cordialement. Quelques jours après, ces messieurs, montés sur leurs magnifiques chevaux arabes, nous apportèrent notre part d'un bœuf que le tigre venait de saigner dans le camp la nuit précédente. Nous fîmes honneur au cadeau, et en retour je promis un paon, que je me faisais fort de tuer bientôt. Me rendant le jour même à Lang-Lang, pour la fête patronale de cette chrétienté située non loin de la rivière Claire, je revins d'une promenade dans la brousse paré de deux paons et de leurs plumes, ce qui nous valut plusieurs rations de pain, sans compter, bien entendu, une invitation à déjeuner au camp des spahis.

Après la clôture du jubilé, à Tiên-Kieng, nous passons à Hiên-Quan, chrétienté de la paroisse de Dúc-Phong, sur la rive droite du fleuve Rouge. Nous y célébrons la fête du Rosaire. Grâce à la bonne volonté des chrétiens empressés de venir recevoir les sacrements, notre travail apostolique est achevé en quelques jours. Disons adieu aux braves gens de Hiên-Quan, dirigeons-nous vers Hoàng-Xà, près de la rivière Noire et du mont Ba-Vi.

Nous couchons en passant à Dúc-Phong, village pittoresque caché au milieu d'une vraie forêt de bambous, de camélias, d'arbres à huile, de lataniers et d'arbres à laque. Du mamelon au sommet duquel est bâtie la cure, on jouit d'une vue magnifique sur toute la partie du pays comprise entre le fleuve Rouge et la rivière Claire, jusqu'au confluent du Sông-Chây.

Remarque importante : comme position militaire, Dúc-Phong n'est pas à dédaigner ; dans le dédale de tous les chemins creux qui serpentent au fond des ravins, on pourrait facilement, avec quelques gaillards décidés, arrêter une forte bande de pirates. Cependant, l'année précédente, le village de Dúc-Phong avait été complètement pillé, brûlé, détruit de fond en comble, et le bon vieux P. Câp, curé de la paroisse, en s'enfuyant à Son-Tây, était tombé entre les mains des rebelles. Après l'avoir traîné de repaire en repaire, ils l'emmenèrent jusqu'à Yên-Bái. C'est là que ce prêtre indigène, cité devant le commandant des troupes chinoises, fut invité à réciter le *Pater* en langue du pays. Quand il prononça l'invocation : *Que votre règne arrive !* il fut immédiatement condamné à mort comme ennemi du roi et partisan des Français, et, séance tenante, enterré vivant, la tête en bas, dans le banc de sable qui se trouve au pied du fort.

En quittant Dúc-Phong au point du jour, nous formions une vraie colonne ou, si l'on préfère, un convoi apostolique : deux missionnaires, le curé indigène, une dizaine de catéchistes, sans compter les notables et les portefaix.

A sept heures du matin, nous passons à Hung-Hoa. Pendant que nos coolies se reposent et boivent leur première tasse de thé, nous entrons à la citadelle pour saluer le commandant de place et lui signaler notre passage ; autrement, nous courions risque d'être pris pour une bande de pirates. Très aimablement, l'officier voulait nous mettre en état d'arrestation jusqu'après le déjeuner. Mais l'étape que nous avions à faire était longue. On nous relâcha après avoir exigé notre parole d'honneur de venir dîner à la citadelle, lors de notre prochain passage.

Arrivés au bord de la rivière Noire, nous nous arrêtons pour tenir un petit conseil de guerre : Faut-il passer l'eau pour suivre le chemin de la rive droite, plus sûr, mais plus long ? ou bien resterons-nous sur la rive gauche ? De ce côté, le chemin est plus court, mais moins sûr, attendu que nous aurons à traverser plusieurs villages suspects. Vu l'heure déjà avancée et la chaleur accablante, nous prenons ce dernier parti ; mais, la prudence étant mère de la sûreté, nous déballons notre caisse d'armes, et, le fusil sur l'épaule, nous nous mettons en marche, à la file indienne.

Midi : les jambes et les estomacs ont besoin de se réconforter ; nous faisons la grande halte dans la maison commune, sur le marché de Lang-Bo. Une tranche de pain de riz, une cuisse de poulet froid, peut-on désirer mieux, surtout quand on a faim ? car, dit une vieille ballade :

> Un apôtre, lassé par une longue route,
> N'a jamais refusé de casser une croûte.

Nous étions donc en train de bien faire, quand des gens à figure peu rassurante s'approchèrent de nous sans montrer patte blanche. Leurs yeux dardaient la cupidité. Est-ce que par hasard ces citoyens-là voudraient nous chercher querelle? *piano*, messires, voyez donc comment on glisse les cartouches dans le magasin d'un winchester! C'était naïf de ma part : les brigands connaissaient la manœuvre beaucoup mieux que moi. Quoi qu'il en soit, nous pûmes lever le camp sans incident fâcheux ; mais, quelques jours après, plusieurs personnes, moins respectables que nous, bien sûr, furent massacrées en ce même endroit.

A Bao-Yên, le Quân-Dinh, ex-chef de pirates qui venait de faire sa soumission au poste militaire de La-Phu, nous invite à prendre le thé. Beau type d'Annamite, fier, énergique; mais quelle fausseté dans son regard ! et puis, il est trop poli pour être honnête! Ce *soumissionnaire*-là ne me dit rien qui vaille.

La nuit approche : traversons en barque la plaine inondée à cette saison ; voici Hoàng-Xà, où l'on nous reçoit avec une salve d'honneur.

IV

Hoàng-Xà : autrefois et aujourd'hui. — Promenade chez un chef. — Alerte pour un cuissot de chevreuil. — Défiance officielle. — Deux incidents sans mauvais résultats.

La chrétienté de Hoàng Xà qui, déjà à cette époque (1886), ne comptait pas moins de huit cents âmes (elle en a plus de mille aujourd'hui), s'étend comme sur un tapis de verdure, au fond de la vallée comprise entre la Ba-Vi et la chaîne de Luôi-Hài (la Faucille), qui forment autour d'elle un amphithéâtre digne des Alpes ou des Pyrénées.

Il y en a ici pour le goût de tous les montagnards de France et de Navarre. Avec un peu d'imagination, les grands étangs qui entourent les trois quarts du village peuvent être comparés à un lac, sur la nappe azurée duquel, le soir ou le matin, le chasseur peut voguer en silence à la poursuite des oies, des canards et autres oiseaux aquatiques; le pêcheur peut aussi y jeter ses filets... toujours en silence, comme dans la romance. Le bon Dieu nous fournit toujours le moyen de trouver de la poésie ou de la prose dans le grand livre de la Nature, plus beau certainement que celui de la dette publique.

Il manquait pourtant quelque chose à Hoàng-Xà : un clocher, et une cloche pour sonner l'Angélus! Hélas! en 1886, ce village chrétien se relevait à peine de ses ruines ou plutôt renaissait de ses cendres; car au Tonkin, où les cases sont construites en bambous et en paillottes, l'incendie fait toujours place nette. Les Compagnies d'assurances n'ont pas besoin d'enquête pour estimer la valeur des débris et des ruines.

Notre installation ne se compose que de monuments primitifs et provisoires : deux hangars en treillis de bambous, servant, l'un d'église, l'autre de presbytère. Pour chasser la tristesse, les notables, qui viennent nous saluer, nous expliquent qu'autrefois, il n'y a pas bien longtemps, tout était construit en beau bois de jacquier et de frêne : « Ce n'étaient dans l'église que sculptures, laque rouge et or... et si la sainte Vierge obtient la paix, dès que la chrétienté de Hoàng-Xà aura pu mettre de côté quelques milliers de ligatures, tout sera rebâti plus beau qu'auparavant! »

Maintenant, c'est fait : Hoàng-Xà possède la plus belle église et la plus belle cure du haut Tonkin... genre annamite, qui n'est pas le mien. Mais des goûts et des couleurs on ne discute pas.

Nos catholiques ne jettent jamais le manche après la cognée : la Providence n'est-elle pas toujours là?

« Allons, les amis, puisque les Pères viennent vous apporter le grand pardon, l'amnistie du pape, il faut que tous en profitent, à commencer par les vieux de la vieille qui ont d'anciens comptes à régler. Compris? »

— Oui, les Pères. »

Et le parloir se remplissait de braves gens, hommes, femmes, enfants, qui nous apportaient du riz, des poules, des œufs, des canards et des poissons. Ce qu'ils nous regardaient! Il y avait bien longtemps qu'ils n'avaient pas vu deux missionnaires à Hoàng-Xà. Nos Annamites sont assez physionomistes. Je sus plus tard que le P. Ambroise Robert en imposait par sa belle prestance et la gravité de son maintien (il portait des lunettes), tandis que l'on m'avait trouvé un peu vif et long — je ne dis pas beau — parleur. Malheur de malheur!... Il y a un précédent, sans comparaison : saint Barnabé fut pris pour Jupiter et saint Paul pour Mercure; Mercure, dieu de la médecine et des voleurs!

Bref, à l'église, nous prêchions la charité, la justice, l'amour de Dieu et du prochain, et, au saint Tribunal, nous faisions, avec la grâce de Dieu, de la bonne besogne.

Pendant les quinze jours que nous passâmes ensemble à Hoàng-Xà, quelques incidents vinrent nous distraire de nos travaux.

Un jour, c'était le Dôc-Sát, brigand en activité de service,

qui exigeait une audience et voulait nous remettre lui-même sa carte forcée. Ça demande réflexion... Viendra-t-il en tenue civile ou en tenue militaire? S'il vient en civil, baste! la belle affaire, nous ne le recevrons pas et tout sera dit; mais s'il vient en militaire, ah! dame, s'il vient en militaire, avec des sabres, des fusils, des lances, des coupe-coupe..., oh! alors, c'est une autre chanson, nous tâcherons de l'empoigner par les oreilles. Or le Dôc-Sát ne vint pas du tout, et notre héroïque décision passa dans le cadre de réserve.

Une autre fois, par une belle matinée, nous nous rendions chez un seigneur féodal du Bâ-Vi, qui nous avait invités à une chasse et à un déjeuner sur l'herbe. Louant très fort la politesse de Dinh-Van-Vinh, nous avions accepté d'autant plus volontiers que cette excursion pouvait nous faire faire connaissance avec de nouvelles gens, qui certainement avaient besoin de fréquenter les missionnaires.

Après deux heures de marche, nous voilà à la maison de notre amphitryon. Nous trouvons la table mise. Un magnifique plateau en cuivre servait de nappe, et un cochon entier, découpé en menus morceaux dans de petites assiettes, nageait dans toutes les sauces nationales où nous devions pêcher avec des bâtonnets d'ébène cerclés d'argent. Malgré ces apprêts, le repas fut mince, et j'attendais avec impatience que le son du cor retentît au fond des bois. Notre hôte, cependant, nous offrit le thé et des cigares exquis à lui offerts par M. Paul Bert. Un piqueur vint prévenir que l'on n'avait pas trouvé trace de sangliers, de daims ou de cerfs; on aurait peut-être pu se rabattre sur un ours ou un tigre, mais Dinh-Van-Vinh préféra nous mettre sous les yeux son dragon d'Annam, sa médaille d'honneur à l'effigie de la République française et divers articles d'exportation... non entachés de cléricalisme, cadeaux de M. le résident général... Somme toute, en sa qualité de fumeur d'opium et de mandarin aux doigts crochus, Dinh-Van-Vinh me fait l'effet d'un rastaquouère peu intéressant.

Sans lui communiquer cette appréciation, nous prenons congé de notre hôte et nous rentrons chez nous à la fraîcheur, en disant notre chapelet sous le beau ciel bleu où scintillent déjà les étoiles. *Ave Maria!*

Après un grand jour de promenade, vous comprenez qu'on peut s'occuper sérieusement au sommeil. Aussi, vers les dix heures du soir, nous dormions à poings fermés, quand je fus réveillé en sursaut. On frappe à coups redoublés à la porte de notre cabane.

Église actuelle de Hoàng-Xá.

« Pères, Pères ! gémit une voix effrayée, que je reconnais pour celle du curé de la paroisse, levez-vous... *ils* viennent. »

Ils, au Tonkin, en ces temps troublés, *ils*, comme à Tarascon, ce sont les Teurs, les pirates, les *giàc.*

Oh ! mais donc qu'ils attendent un peu, que j'aie le temps de chausser mes brodequins de bataille et de prendre ma carabine... Maintenant, ils peuvent venir; s'ils font un pas, mais un seul pas, je fais feu.

Cependant le P. Ambroise, comme un autre Alexandre, ronflait sans sourciller... Eh bien, voyons, maintenant que j'ai pris le poste de combat, à la porte de la cour, viendront-ils ou ne viendront-ils pas ?

Ce n'est pas gai d'être en faction à quelques mètres d'un ennemi invisible et silencieux. Mieux vaut en découdre. Mais qu'entends-je ?... Des pas précipités, des éclats de voix... et, misère humaine, des éclats de rire ! *Subito*, mon ardeur se fond devant un magnifique cuissot de chevreuil que nous apportent les chasseurs montagnards du Bâ-Vi : la garde nationale de Hoàng-Xà les a pris pour l'ennemi !

Alors, l'ami couché, le P. Ambroise, entr'ouvre l'œil et sourit à la fortune qui lui arrive pendant le somme.

Ça ne fait rien, vous savez ? des alertes pareilles, voilà qui forme et trempe le caractère ! Bravement, je retourne me coucher. A demain ou après les attaques sérieuses !...

De fait, la situation du pays donnait à penser. Autour de nous, il n'était bruit que d'incendies, de pillages, d'assassinats peu ou point politiques. Malgré cela, le poste de La-Phu, sur la protection duquel nous avions compté en venant à Hoàng-Xà, venait d'être supprimé. Je crus bon de m'adresser à la résidence de Son-Tây pour obtenir quelques fusils qui permettraient au village de Hoàng-Xà de se défendre en cas de nécessité. Voici textuellement la réponse qui me fut faite :

« Impossible. La conduite des curés du haut Fleuve ne

sont pas, paraît-il, d'ailleurs, de nature à encourager pareille mesure! »

Pas de commentaires. Mais, bon sang! moi qui me croyais un citoyen pur, un brave colon! Enfin, on verra bien si les sentiments de nos prêtres et chrétiens indigènes ne sont pas plus français que l'orthographe de la résidence. Du calme, de la prudence, du recueillement : nous ne devons pas être bien en cour. Est-ce que par hasard nos lauriers, c'est-à-dire

Musiciens tonkinois (élèves de la Mission).

le fameux cuissot de chevreuil, susciteraient contre nous la jalousie et porteraient ombrage?... A la prochaine victoire, il nous faudra partager le morceau, sans mentir, avec le phénix des hôtes de la province. Au travail, à la vertu!

Pour faciliter à toutes les chrétientés de la paroisse la célébration des fêtes de la Toussaint et de la Commémoraison des morts, je laissai le P. Robert et le curé indigène à Hoàng-Xà pendant que je retournais à Duc-Phong. Le 3 novembre, nous devions nous retrouver à Baù-No, ce qui arriva heureusement, malgré deux alertes, l'une fausse, l'autre vraie, dont fut gratifié le P. Ambroise.

La veille de la Toussaint, vers dix heures du soir, on crut, à Hoàng-Xà, qu'*ils* (toujours les Teurs du pays) allaient enfin passer des menaces à l'action, et, toute la population prenant la fuite à travers les brousses, le P. Ambroise suivit le mouvement avec assez d'empressement.

Il en fut quitte pour passer la nuit à la belle étoile, car les brigands ne bougèrent pas encore cette fois-là et, le lendemain matin, on put chanter la messe en musique à Hoàng-Xà.

Le second incident n'eut pas de suite plus tragique et se changea même en victoire. Pour revenir à Baù-No, le Père descendait en jonque la rivière Noire, quand, en face du village où nous avions fait halte quinze jours auparavant, deux barquettes sortirent gentiment d'une touffe de roseaux. Elles étaient montées par quelques malotrus qui, fusils et coupe-coupe à la main, avaient pris la mauvaise habitude de faire de la douane en fraude du gouvernement : c'était donc à de faux douaniers, à des contrebandiers, que le Père avait à répondre... Un coup de fusil tiré en l'air assura la liberté de la circulation, et nos bons brigands, voyant un Européen armé devant eux, s'esquivèrent prestement. On dit même qu'ils tombèrent fortuitement entre les mains de la *Rousse*, représentée par le *quan-huyên* (sous-préfet) en tournée de police. Tant pis pour eux, tant mieux pour les autres.

V

Une tombe d'officier à Hung-Hóa. — En jonque, de Baû-No au Sông-Chây. — Halte dans une famille chrétienne et chez un préfet. — Un chien fameux. — Vân-Ru : le tigre, les bords du Sông-Chây. — Triste situation d'un chef de canton. — Le premier de l'an loin de France.

En attendant l'arrivée des gens de la paroisse du Sông-Chây qui doivent venir nous chercher, profitons d'un moment de loisir pour aller dire bonjour à nos vieux amis les spahis d Thanh-Mai.

Nous rencontrons chez eux un lieutenant des chasseurs annamites, M. de F.-J..., venu au Tonkin pour visiter la tombe d'un de ses cousins mort quelques mois auparavant. D'après le pieux désir exprimé par la famille, officiers et missionnaires se donnent rendez-vous au cimetière de Hung-Hóa, où je bénis la tombe de Charles-Marie-Aurèle-Pierre, comte de Biencourt-Pointrincourt, sous-lieutenant aux tirailleurs tonkinois, décédé à Hung-Hóa, le 22 juin 1886, à l'âge de vingt-deux ans! *Melius est mori in bello quam videre mala suæ gentis!* Héroïque devise empruntée au livre des Maccabées, par le père désolé, mais fier de son fils.

Embarquons-nous enfin pour le Sông-Chây, en remontant tranquillement la rivière Claire, de Viêt-tri à Phû-Doan. Par jonque, c'est un petit voyage de trois jours.

Notre première halte à Ké-Sôm, village important où nous avons l'avantage de trouver perdue au milieu des boudhistes une famille chrétienne vraiment patriarcale, composée de quatre générations. Ces braves gens, qui jouissent d'une certaine aisance sans être usuriers ni voleurs, nous accueillent comme jadis Abraham les anges voyageurs. Après le bain de pied, traditionnel en Orient, on nous offre le thé pendant que les domestiques de la maison font passer un mauvais quart d'heure à l'habillé de soie qui, par tout le Tonkin, joue le rôle du veau gras.

Le lendemain matin, dès les trois heures, nous sommes debout, et, après la célébration de la sainte messe, nous souhaitons la paix du bon Dieu à la famille hospitalière de Trûm-Tam, qui ne nous laisse pas descendre en jonque sans nous avoir munis de provisions pour le reste du voyage. Nous sommes donc sans inquiétude du côté des vivres; mais quelle patience il faut pour voyager en jonque tirée à la cordelle par trois ou quatre hommes qui suivent la berge d'un pas tranquille et lent! Pour nous déraidir les jambes, montons à terre et, tout en admirant les bords pittoresques de la rivière, tâchons de rencontrer quelque gibier pour juger des talents de Fidaut, un bel épagneul que m'ont donné les officiers de Thanh-Mai.

Me permettra-t-on d'ajouter que cette bonne bête fut un chien très en vogue dans la région du Haut-Tonkin? Partout on lui faisait des caresses, et des milliers d'enfants commencèrent leurs études de français en criant: *Filou, Filou* à ce pauvre *Fidaut,* qui, toujours de belle humeur, épargné par la dent des tigres et les balles des pirates, mangea souvent la soupe avec les légionnaires et fut, pendant sept ans, mon compagnon de route, de grand air et de liberté. Vive la brousse!

Le deuxième jour de notre voyage, à la tombée de la nuit, nous arrivons au village de Lang-Chanh, et, n'y connaissant personne, nous nous disposons à dormir tant bien que mal à bord de notre jonque.

Mais des personnages comme nous ne peuvent circuler incognito. Voici qu'un damoiseau intelligent, fils d'un mandarin, nous invite à prendre gîte dans le castel de ses aïeux. En l'absence du père, retenu au chef-lieu de la préfecture par les affaires civiles et militaires, le jeune héritier présomptif nous fait les honneurs de la maison avec beaucoup de bonne grâce. Mais la châtelaine de céans, vieille dame jaune aux dents noires comme l'ébène, nous tourne tout simplement le

Jonque remontant la rivière.

dos et quitte la place en prenant la précaution d'emporter sa pipe à eau et sa boîte à chiques. Cette mandarine-là n'était pas douce du tout, je l'ai su depuis ; pendant que son seigneur et maître mettait à l'encan la justice et les charges dans sa préfecture, elle, au village, prêtait de l'argent à la petite semaine, accaparait le riz et faisait fi du pauvre monde.

Missionnaires du bon Dieu, avant de nous reposer dans cette demeure de mauvais riche, demandons au ciel la conversion de ces malheureux païens esclaves de Satan.

Le lendemain, avant le lever du soleil, nous avions déjà déguerpi. Dans l'après-midi, nous arrivons à Phu-Doan, poste français au confluent du Sông-Chây et de la rivière Claire.

Par un heureux hasard, le capitaine Denès, commandant du poste, se trouve être le premier officier français à qui j'ai serré la main lors de mon arrivée à Hanoï en 1879. Malgré le plaisir que nous aurions en cédant à sa pressante et cordiale invitation, nous continuons notre chemin jusqu'à Vân-Ru, où demain nous devons célébrer solennellement la fête de saint François Xavier.

Nous sommes donc dans la paroisse du Sông-Chây, la plus au nord du Tonkin occidental. Depuis de longues années elle a subi une série de malheurs qui la rendent digne de toute notre commisération. Les chrétiens reçoivent les missionnaires comme les envoyés de Dieu; en voyant ces pauvres gens se prosterner devant nous, nous sentons au fond de l'âme la vérité de cette parole de Notre-Seigneur: « Celui qui aura quitté son père, sa mère, ses frères, ses sœurs pour moi et pour mon évangile les retrouvera au centuple. »

Je ne crains pas de le redire : la poésie des forêts vierges ne fit jamais battre mon cœur. Les bois, les montagnes, les rivières du Haut-Tonkin sont magnifiques; mais ça ne vaut pas les monts du Jura, les bords du Doubs et la forêt de Chaux, ces noms

> Qui résonnent de loin dans mon âme attendrie
> Comme les pas connus, ou la voix d'un ami.

Loin du pays qui m'a vu naître, comme dit feu l'auteur du *Génie du christianisme*, la nature ne me paraît plus que l'ombre de celle que j'ai perdue... et, si vous en doutez, baissez la tête, ouvrez bien les yeux et voyez ces traces toutes fraîches que l'on vous montre autour de l'église et de la résidence de Vân-Ru. Ni plus ni moins que des traces de tigres.

Puisque le nom de ce terrible fauve est tombé sous ma plume (ne lui tombons jamais sous la patte), il faut dire une

Tigre royal tué par les indigènes.

fois pour toutes que nous sommes en plein dans le pays du tigre. Des gens dignes de foi m'ont affirmé qu'il y a quelques vingt-cinq ans, la statistique officielle dans la seule préfecture de Phû-Doan releva le chiffre de cinq cents personnes dévorées par les tigres pendant l'espace d'une année, année terrible que l'on appelle encore aujourd'hui l'année de l'invasion des tigres. A Hân-Dâ, chef-lieu de la paroisse, on avait vu plusieurs fois, et en plein jour, trois, quatre et cinq tigres rôdant autour du village : c'était l'impôt du sang qu'il fallait payer à ces monstres dont les pauvres bouddhistes font souvent des divinités vengeresses. Leurs victimes ont dû se rendre coupables envers le ciel.

En 1895, comme j'étais à Yên-Bái, un légionnaire de garde sur le rempart du fort fut enlevé par le tigre. Pendant quelque temps, à la tombée de la nuit, on ne pouvait sortir dans les rues du village sans être armé d'un revolver et d'un photophore. Un soir donc, en revenant du fort, je demandai au petit *boy* d'un officier, qui m'accompagnait en m'éclairant, s'il avait peur de la bête.

« Non, répondit-il naïvement, je n'ai pas encore offensé le ciel. »

Hélas ! il n'y a pas que les criminels qui tombent sous la dent féroce du tigre, et nombreuse serait la liste des pauvres gens bien inoffensifs qui, à ma connaissance, ont subi ce triste sort.

Voici, entre autres, un cas qui suffit pour impressionner vivement. Une personne me demandait une messe pour le repos de l'âme de sa mère. La voyant pleurer à chaudes larmes, j'essayais de la consoler en lui faisant remarquer qu'à son âge déjà avancé on était ordinairement orphelin.

« C'est vrai, répondit-elle ; mais je ne peux m'empêcher de pleurer et de trembler en pensant à l'affreux genre de mort de ma pauvre mère ! »

Quand son émotion fut un peu calmée, cette femme me raconta qu'un soir elles étaient toutes deux sur un petit *mirador* en bambous, élevé dans leur champ de maïs pour garder la récolte contre les ravages des cerfs et des sangliers, quand

Au bord du Sông-Chây.

tout à coup, au moment où elles faisaient le signe de la croix en commençant leur prière, le tigre bondit sur elles et, dans un élan rapide comme l'éclair, enleva la mère, laissant la fille évanouie de terreur au milieu des ténèbres...

En voilà bien assez, peut-être déjà trop, pour les âmes sensibles et nerveuses. Je m'efforcerai de les rassurer en avouant que, dans mes courses continuelles pendant dix ans, la nuit comme le jour, je n'ai jamais vu la face du tigre en liberté. Et cependant, plusieurs fois, j'ai passé bien près de lui : mon chien et mon cheval m'ont signalé sa présence en prenant la fuite au galop, tremblant de tous leurs membres. Certain soir que j'étais au confessionnal, le tigre vint à la porte de l'église qu'il ébranla par son rugissement. Bref, si la Providence ne veillait sur l'espèce humaine, le tigre royal aurait bientôt dépeuplé complètement ce pays.

Aussi, tout en faisant faire des pièges à tigre, fions-nous à la garde de Dieu, et continuons tranquillement notre tournée de mission, visitant l'une après l'autre toutes les chrétientés, Vân-Ru, Trai-Cô, Thuât-Cô, Hân-Dâ, Cât-Lem, Lang-Bac et Dông-Cho près de Phû-Yên-Binh. C'est une véritable excursion de vacances sur les bords d'une jolie rivière qui coule rapidement sur des galets et dessine mille contours sinueux au fond d'une étroite vallée découpée par des mamelons verdoyants et touffus.

Non loin du village de Lang-Bac, on trouve les premiers rapides du Sông-Chây : inutile de les comparer aux cascatelles de Tivoli, pas plus qu'à la chute du Niagara. Cependant ce coin de pays, perdu au milieu de brousses séculaires, forme un tableau qui ne manque pas de grandeur. Assis sur un rocher au bord de la rivière, à l'ombre des vieux arbres de la pagode de Phûc-Lê, le voyageur peut se laisser aller au charme d'une rêverie mélancolique en suivant des yeux l'onde bleue qui court se briser sur mille écueils rangés en bataille pour lui barrer le chemin. C'est en vain qu'ils dressent leur tête noircie au-dessus des flocons d'écume blanche : le flot vainqueur se précipite et s'engouffre, frémissant, entre les rocs du rapide de Thác-Bâ (Écueil de Madame), harmonieuse et cruelle sirène que les nautoniers s'efforcent d'amadouer avec de jolis souliers roses ou des barres d'or en papier. Une fois échappé aux griffes de Thác-Bâ, on peut facilement se tirer d'affaire avec le bonhomme de Thác-Ong (Écueil de Monsieur). Le diable en culotte est toujours moins redoutable que le diable en cotillon.

Mais il ne faut pas m'attarder si, pendant que le P. Robert est resté à Càt-Lem, je veux remonter jusqu'à Dông-Chô avant la nuit.

Dans ce village, le missionnaire est hébergé par un chef de canton nommé Chánh-Thao, homme influent et habile, obligé de ménager la chèvre et le chou.

Aujourd'hui les pirates chinois tombent à l'improviste sur Dông-Chô, enlèvent les femmes et les enfants, les buffles et le riz. Demain, l'officier français, commandant une reconnaissance, mécontent d'arriver trop tard comme un vulgaire carabinier, reprochera au chef de canton d'avoir payé l'impôt aux pirates. Pendant plusieurs années, le malheureux Chánh-Thao s'en tira comme la chauve-souris et cria :

« Vive le roi ! vive la Ligue ! »

Il finit par être massacré avec toute sa famille, à l'exception de sa femme qu'on avait réservée pour essayer de traiter de la rançon.

Le 1er janvier 1887, j'étais donc à Dông-Chô, pasteur à la recherche des brebis égarées. C'est de là que j'envoyai par cœur mes souhaits de nouvel an à tous les parents et amis de la ville et de la campagne. Pauvre comme un rat d'église, je n'eus qu'un vieux fond de burette pour porter le toast à si nombreuse et honorable compagnie.

En revanche, ce jour-là même, je faillis boire un bon coup au passage du rapide de Thàc-Bà, ayant voulu, pour faire le zouave, rester sur le petit radeau de bambous qui ne portait pas plus Bias et sa sagesse que César et sa fortune.

J'en fus quitte pour une douche d'eau fraîche, et, le soir, le P. Robert, que je retrouvai à Hân-Dâ, me réchauffa par une cordiale poignée de main, puisqu'il n'avait que ça à m'offrir. Nous bourrâmes une bonne pipe pour la fumer en causant des anciens *jours de l'an* de France !

VI

La retraite à Ké-Sô. — Un coup de main clérical; délivrance du P. Tuyên. — Le Dê-Kiêù. — Situation politique du pays. — Soyons discrets. — Le P. Bàc et son sosie.

Notre tournée au Sông-Chây étant achevée, le 2 janvier, nous descendons sur une véritable maison flottante qui, si les vents ne sont pas contraires, doit nous porter jusqu'à Sôn-Tây, d'où nous partirons à pied pour assister à la retraite annuelle à Ké-Sô.

A l'ambulance de Phû-Doan, un pauvre petit soldat qui se meurt a la consolation de recevoir de moi l'extrême-onction. Grande halte à Sôn-Tây, où nous célébrons la fête de l'Épiphanie chez les Pères Richard et Méchet, et le 8, au soir, nous voilà rendus à la communauté de Ké-Sô.

Pendant huit jours, retraite sous la direction paternelle de Mgr Puginier, en compagnie d'excellents confrères. Longues heures de douce solitude dans la chambrette en torchis; pieux exercices communs à la chapelle; promenades, chapelet à la main, dans les allées du cimetière où dorment déjà tant de vieux serviteurs du bon Dieu. Oh! que tout cela donne au missionnaire ambulant réconfort et courage! *Miserere mei, Deus. Redde mihi lætitiam salutaris tui et spiritu principali confirma me. In nomine tuo transgrediar murum!*

Puis, après l'inspection générale, le troupier apostolique reprendra la campagne avec une ardeur nouvelle. Cette fois, le P. Robert recevant une autre destination, je dois me jeter à corps perdu dans la bagarre et remonter seul en Xú'-Doài. Ce n'est pas très gai; mais allons-y quand même, *ad majorem Dei gloriam!*

Sôn-Tây est désormais mon port d'attache; pendant plusieurs années, j'y viendrai me *radouber* physiquement et moralement.

Pendant le Carême de 1887, je donne les exércices de la Mission à Chiêu-Ung, importante chrétienté de la paroisse de Yên-Tâp, dont les gars vigoureux et dévoués se feraient tuer plutôt que de laisser un missionnaire tomber aux mains des pirates. Ils savent au besoin jouer du bâton, de la lance, du sabre et du fusil, arts d'agrément très utiles dans ce pays du Haut-Tonkin toujours plus ou moins troublé.

Au lieu de se laisser pincer soi-même, il faut tenter quelque chose pour la délivrance du P. Tuyên, le curé de Du-Bô, qui, depuis sept mois déjà, gémit entre les mains du Tàn-Giât, chef rebelle de la région de Ha-Hoà.

Nous savions que ce prêtre indigène était encore vivant, car de temps en temps ses geôliers envoyaient à la paroisse des bulletins officiels de son dénuement et de sa mauvaise santé. Il avait besoin de médecines, d'habits et de vivres, et le moment arrivait où l'on menaçait de lui couper le cou si sa rançon n'était pas payée. Les femmes et les filles de la paroisse auraient à filer longtemps avant de pouvoir ramasser la forte somme exigée!

Heureusement les gens de Chiêu-Ung avaient du cœur et de solides biceps à l'appui : c'était, en bonne monnaie, avec de la ferraille qu'ils entendaient racheter le curé de la paroisse voisine.

Du reste Mgr Puginier m'avait formellement recommandé de ne pas traiter de la rançon du prêtre avec les pirates. Pour le principe, il ne fallait pas créer un précédent fâcheux, dont j'aurais été certainement la première victime.

Grâce à l'intelligence et au zèle du P. Uân, curé de Yên-Tâp, l'affaire fut très bien menée. Quelques piastres graissèrent la patte et délièrent la langue d'un pirate qui, mécontent de sa part de butin, cherchait *per fas et nefas* à rentrer dans ses fonds.

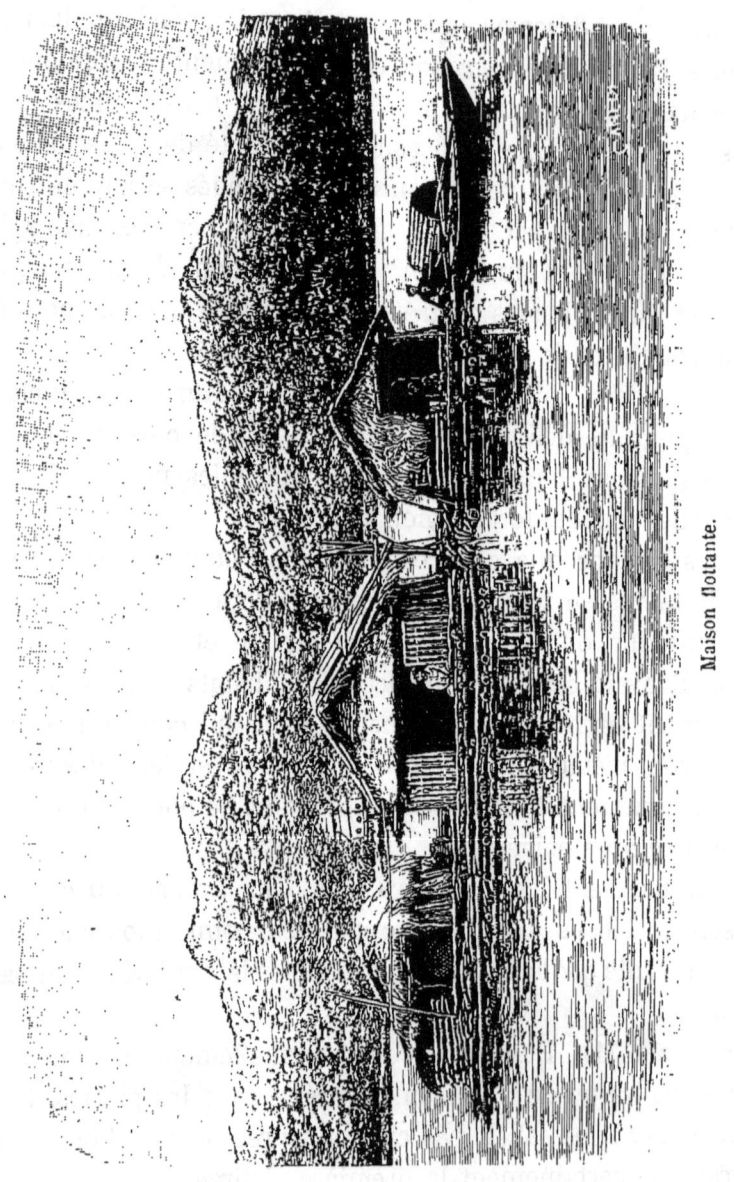

Maison flottante.

Toutes les dispositions nécessaires étant prises pour la réussite de ce coup de main, je m'en fus trouver le capitaine

Lebigot, commandant du cercle de Vân-Bân, pour le prévenir de notre projet.

Ce brave soldat nous approuva et me donna un drapeau français que nos gens devraient déployer après la victoire, afin de ne pas être canardés par les postes militaires des environs. La prudence m'avait fait demander cette autorisation, dans la crainte qu'au lendemain de l'affaire les pirates eux-mêmes ne vinssent fort poliment offrir des présents au *Quan-Huyên* (sous-préfet) de Câm-Khê, en accusant les chrétiens de rébellion. Il faut toujours prendre des pierres avant de voir venir les chiens.

Enfin, dans la nuit du 16 au 17 mars 1887, confiants dans la protection de saint Joseph, à qui nous recommandions l'affaire depuis le commencement du mois, cinquante vaillants gaillards de Chiêu-Ung, renforcés de quelques païens de bonne volonté, partirent sans tambour ni trompette.

Malgré une pluie torrentielle qui retarda leur marche et faillit même compromettre le succès de l'expédition, le lendemain matin nos gens tombaient à l'improviste sur le repaire où le pauvre P. Tuyên, la cangue au cou, était en train de méditer tristement sous la garde de quelques bandits. En un clin d'œil les portes sont enfoncées, le prisonnier délivré de ses entraves, mis en palanquin et emporté au pas de course, avant même qu'il ait eu le temps de reconnaître ses sauveurs, si bien qu'il croyait tomber des griffes de l'ours dans la gueule du tigre. Il faisait grand jour. Déjà le tam-tam de la commune bat la générale et toute la garde nationale, mobilisée avec un entrain peu ordinaire, accourt. Comment ! les chrétiens avaient l'audace de venir enlever ce curé avec lequel nos bons pirates se faisaient des rentes depuis huit mois ! Il fallait les châtier de leur témérité ! — Trop tard, marauds ! — Le P. Tuyên était bel et bien délivré et rendu à ses paroissiens.

Mais c'est temps de Carême; impossible de festoyer : la pénitence est quelquefois pénible. En retour la paroisse célé-

Mandarin avec ses satellites (mandarin ou chef rebelle, même tenue).

bra plus solennellement que d'habitude la fête de saint Joseph.

Les fatigues et les misères avaient profondément altéré la santé du P. Tuyên; Mgr Puginier le rappela dans une cure plus tranquille du Delta, et je restai avec le P. Beaumont, du diocèse de Bayeux, qui arrivait comme renfort pour m'aider à relever de ses ruines la pauvre paroisse de Du-Bộ. Nous avions pour auxiliaire un prêtre indigène très dévoué, le P. In, vicaire de Yên-Tâp.

Hélas! l'état de choses était presque aussi triste pour le spirituel que pour le temporel. A cette époque (1887), tous les villages de la région de Câm-Khê, malgré la présence de nombreux postes français, se trouvaient déjà sous l'autorité absolue du *Dê-Kiêu*, lieutenant et successeur désigné du Bô-Giàp, pour le roi Hàm-Nghi.

Jeune encore et très intelligent, ce chef de canton de Cát-Trù n'était pas précisément un brigand vulgaire et passait pour un rebelle de meilleur aloi que ses collègues. Les villages, pillés par des chapardeurs indisciplinés, trouvaient en lui un justicier expéditif; mais, quand il s'agissait de l'intérêt de son roi, du roi détrôné par les Français, le Dê-Kiêù poussait l'énergie jusqu'à la cruauté, et combien de fois la cause ci-devant royale servit-elle son ambition et ses vengeances!

Sous les ordres du Dê-Kiêu étaient placés le Quyên-Ao et le Tàn-Giât, tous deux déjà vieux, mais flanqués de fils qui avaient la réputation bien méritée d'être pires que leurs ancêtres. Ce n'est que plus tard seulement, en 1890, que le fameux Dôc-Ngû deviendra le général en chef de la rébellion.

Dans toutes les communes, il y avait deux maires : l'un effectif qui percevait l'impôt pour les pirates; l'autre, homme de paille, qui servait l'autorité française en la trahissant du matin au soir et du soir au matin.

Quant aux centres chrétiens importants, comme Yên-Tâp, Ta-Xá, Du-Bô, Ngô-Xá et Chiêu-Ung, le Dê-Kieu, habile politique, faisait semblant de les ménager par intérêt, et se contentait de réquisitions particulières qu'il envoyait de temps en temps exiger *manu militari;* alors, malheur aux réfractaires !

Il n'y a pas à le nier, et, du reste, je ne l'ai jamais caché aux officiers chefs de poste, nous étions pris entre le marteau et l'enclume : les Français qui reprochaient aux chrétiens indigènes de ne leur être pas assez ou même pas du tout dévoués, et les rebelles qui faisaient payer cher aux catholiques leurs sympathies pour les « Barbares d'Occident, envahisseurs du pays ». Arrivait-il, une fois ou l'autre, qu'un chrétien se rendît coupable de quelque acte répréhensible, aussitôt le mandarin du protectorat feignait une noble indignation et criait dans sa langue hypocrite : *Ab uno disce omnes.* La situation était des plus fausses, et le pauvre missionnaire, obligé d'endosser la responsabilité, avait plus de chances de s'en tirer avec le bon Dieu qu'avec les hommes.

Je dois déclarer ici que la tâche m'a été singulièrement facilitée par l'esprit de justice et de bienveillance que j'ai trouvé chez les commandants de postes, qui tous, à part deux (il faut être exact), prêtèrent toujours l'oreille à mes explications. J'y suis allé carrément, franchement, et ma conscience de citoyen français est parfaitement à l'aise. Sans me flatter, j'ose dire que j'ai fait tout mon devoir de missionnaire patriote. Et cependant je suis obligé de me délivrer à moi-même ce brevet de civisme ! Qu'on me le pardonne, puisque j'ai été mis en demeure de me laver devant le ban de l'Empire. Pour cette opération délicate, nul besoin à moi d'employer l'eau du Léthé et l'éponge de l'oubli; mais la charité oblige un missionnaire à la discrétion. Je peux cependant bien, et même je dois dire, que si pendant quelque temps on me prit pour un agent de la police secrète, ce fut uniquement pour avoir, dans l'intérêt de mes chrétiens et aussi pour le bon renom français, dénoncé les exactions inouïes de certaine personne plus semblable à la pie au nid qu'à la colombe de l'arche. *Inde iræ..* mais *thôi thôi, sufficit,* ça suffit.

L'anecdote suivante dont je fus le sosie autant que le héros, peut donner une idée de l'estime que l'on m'accordait sans m'avoir jamais vu.

Un matin, passant à Phong-Vùc, bien campé sur mon cheval et lesté préalablement d'une bonne écuelle de riz, par pure politesse j'entrai saluer le sous-lieutenant qui commandait le poste.

Des officiers, de passage comme moi à Phong-Vùc, et dont je n'avais pas l'honneur d'être connu personnellement, voulurent bien, sur ma mine, me témoigner de la sympathie, me reprochant aimablement de ne pas être arrivé à temps pour le déjeuner. Ces messieurs avaient entendu parler de moi comme d'un bon Français...

« Mais, par exemple, cher Père Girod, nous n'en pouvons pas dire autant de votre collègue, le P. Bàc, de Ngô-Xá... du reste, c'est un Espagnol.

— Pardon, messieurs, le P. Bàc, le fameux P. Bàc, dont on vous a dit tant de mal, est aussi Français que vous et moi.

— Allons, allons, Père, n'essayez pas de défendre cet homme-là, un complice des pirates, un homme très dangereux. »

J'avais de la peine à conserver mon calme; mais je repris gravement :

« Permettez, messieurs, le P. Bàc, fût-il Espagnol, il ne faudrait pas encore lui jeter la pierre à priori. Mais, je vous le répète, il est Français, je vous en donne ma parole d'honneur, et, la preuve, c'est que le P. Bàc et le P. Girod ne font qu'un, qui a fichu l'un a fichu l'autre : Girod en français, je suis le P. Bàc en annamite... Voilà comment vous écrivez l'histoire!... »

Amis lecteurs, voyez d'ici le tableau... La leçon valait bien une bouteille de champagne : le chef de popote la fit apporter :

« Messieurs, à la France! au Tonkin! et honni soit qui mal y pense! »

VII

Difficulté à Ngô-Xá. — Regrettable méprise. — Histoire suggestive et fin tragique du boy Ba. — Le Quyên-Ao. — Rencontre fortuite avec un pirate. — Un vieil adjudant.

Grâce au concours empressé des chrétiens indigènes, la cure et l'église Du-Bô, incendiées par les Pavillons Noirs, sont provisoirement remplacées par deux paillotes où nous pouvons séjourner et célébrer les offices de la semaine sainte, 1887.

Les chrétiens, qui sentaient le coupe-coupe des pirates toujours suspendu sur leur tête, avaient à cœur de mettre ordre à leurs affaires de conscience, et nous comprenions tous mieux que jamais que la crainte du Seigneur est le commencement de la sagesse. *Bonum est confidere in Domino.* Les postes français de la région ne pouvaient protéger les villages d'une façon bien efficace, car les indigènes n'avaient même pas l'audace nécessaire pour donner des renseignements sur la présence et les agissements des rebelles. Aussi, bien souvent, pour ne pas dire toujours, les reconnaissances militaires manquaient leur coup, et l'officier, mécontent de voir sa bonne volonté et ses fatigues rendues inutiles par l'inertie des principaux intéressés, se laissait quelquefois emporter à des mesures de rigueur regrettables, comme en témoigne le fait suivant, absolument authentique, qui s'est passé à Ngô-Xá peu de semaines avant notre arrivée dans la paroisse.

Cette grande chrétienté de sept cents âmes, d'abord protégée par la présence d'un détachement de tirailleurs et de légionnaires, était complètement retombée sous la cruelle domination du Quyên-Ao. Tous les jours Ngô-Xá était le théâtre d'une nouvelle exaction, d'un nouvel assassinat. La mort dans l'âme, il fallait tout subir en silence ou s'exposer à un massacre général. Enfin, à bout de patience, nos gens finirent par s'emparer d'un pirate pris en flagrant délit de vol, et l'assemblée des notables se réunit pour savoir ce qu'il convenait de faire du prisonnier. On délibéra, naturellement les avis furent partagés.

« Livrons le coupable au poste de Minh-Côi, disaient les uns.

— Non, répondaient les autres, car le Quyên-Ao va venir réclamer son client, et alors nous sommes perdus ! »

Cependant le premier avis l'emporta, et deux jeunes gens, remplissant les fonctions de *Xã* (chefs des corvées), furent députés d'office pour aller prévenir le lieutenant de Minh-Côi que le village tenait un pirate à sa disposition : on n'osait le livrer ostensiblement.

L'officier partit aussitôt avec une forte escouade, soupçonnant peut-être qu'on lui tendait un piège et qu'on voulait l'attirer dans un guet-apens. Quand il arriva à la porte du village, grande fut sa colère. Les notables l'attendaient, l'angoisse peinte sur le visage ; ils se prosternent aux pieds de l'officier, et lui demandent pardon de l'avoir dérangé inutilement : le pirate prisonnier avait repris la clef des champs.

Convaincu, sans doute, qu'il avait affaire à des gens de mauvaise foi, le lieutenant fit fusiller séance tenante les deux jeunes Xã, absolument innocents, qui l'avaient prévenu. Tous les deux étaient mariés et pères de famille. J'ai dû faire la quête pour les veuves et les orphelins.

Après cela, on ne comprend que trop, hélas ! pourquoi les catholiques indigènes mettaient peu de zèle à donner des renseignements.

Rapide près de la pagode de Phuc-Le (Sông-Chây).

Autre détail de mœurs sur cette malheureuse époque de troubles.

Dans l'après-midi du jeudi saint, entre chez moi en coup de vent un grand Belge, sergent à la légion, qui vient aux nouvelles, de la part du capitaine R... du poste de Vân-Bân, tout récemment arrivé au Tonkin :

« Eh bien, Père, quoi de neuf ?

— Pas grand'chose ; cependant j'ai entendu dire que le maire de Phuong-Vi a disparu.

— Oui, je le recherche ; mais bien sûr que cet animal-là refuse les corvées et s'est enfui chez les pirates. »

L'émissaire du capitaine en était certain. Je dus lui apprendre que, loin d'avoir pris la fuite, le maire de Phuong-Vi se trouvait détenu à la cangue dans une maison voisine du poste de Vân-Bân, et cela de par l'omnipotence du *boy* Ba, domestique indigène du capitaine R..., lequel boy Ba se donnait le titre d'interprète du cercle et envoyait aux communes des circulaires exigeant qu'on lui payât, à lui, le rachat de certaines corvées. Je mis sous les yeux du sergent une de ces feuilles en caractères chinois dûment revêtue du sceau du commandant du cercle :

« Si vous ne croyez pas à cette petite canaillerie, dis-je au sergent, allez voir à tel endroit ; vous trouverez le maire de Phuong-Vi dans l'état que je viens de vous indiquer, et, dans la boîte à bétel du boy, des circulaires semblables à l'exemplaire que j'ai entre les mains, mais que je tiens à garder. »

Tout fut découvert, le malheureux boy Ba passa sommairement en jugement et, reconnu coupable d'avoir contrefait le sceau rouge de l'État, fut décapité.

On dira qu'il fallait bien un exemple. Cependant le sort fatal de ce pauvre boy m'attrista d'autant plus que ses complices, le sous-préfet et la courtisane, qui aidèrent à lui faire couper le cou pour l'empêcher de parler, ne furent pas inquiétés. Quel pirate que ce P. Bàc, n'est-ce pas ? et quelles histoires bien peu ecclésiastiques ! Mais vaut-il mieux garder le silence et se laisser jeter la pierre par les scribes et les pharisiens ? *O tempora ! O mores !*

Voilà donc où en étaient les choses, quand, après les solennités de Pâques à Du-Bô, nous allâmes donner la mission à

Poste de Vân-Bân.

Ngô-Xá. J'y restai jusqu'à la fin du mois de mai, pendant que le P. Beaumont montait bravement visiter les chrétientés les plus au nord, sur le fleuve Rouge, du côté de Tuân-Quán, aujourd'hui Yên-Bái.

Vraiment la sainte Vierge veilla sur ses missionnaires d'une façon spéciale pendant ce beau mois de mai, car les pirates vinrent jusqu'à la porte de l'église pendant la messe, afin de bien faire voir qu'ils pourraient *se payer* notre tête, si tel était leur bon plaisir. Pour le moment, leur propre intérêt les engageait à ménager notre vie qui leur était même précieuse, car, sans qu'on me l'ait jamais avoué, je suis bien certain que nos pauvres catholiques avaient dû acheter en belles espèces sonnantes la permission de nous recevoir chez eux.

D'un autre côté, le Quyên-Ao, ce vieux renard, s'offrait le luxe de paraître généreux en épargnant ces otages de curés dont il pourrait bien avoir besoin quand, un jour ou l'autre, il lui faudrait mettre bas les armes et faire sa soumission aux Français.

Les rebelles se rendaient aussi parfaitement compte que les chrétiens n'étaient guère logés à meilleure enseigne que les païens : les missionnaires, on l'avait bien fait voir, n'étaient pas plus mandarins civils que mandarins militaires. Les échos du protectorat l'avaient maintes fois répété, c'était dans un but commercial et non religieux que les Français voulaient s'installer au Tonkin. Voilà pourquoi j'ai encore la tête sur les épaules : vous pouvez maintenant sans danger aller demander au Quyên-Ao si ma conclusion est juste.

Ce Vieux de la Montagne restait caché dans ses repaires pendant que ses fils se chargeaient de soulager de leur bourse ceux qui en avaient encore une. De temps en temps, par distraction, ils s'amusaient à couper le cou à certaines personnes qui n'étaient pas de leurs amis, circonstance atténuante. Pareil honneur cependant ne m'était pas réservé.

Un jour, je revenais de la chrétienté de Phuong-Vi : dans la brousse, mon fidèle Fidaut, plus ou moins de bonne humeur, rencontre deux de ses congénères qui ne lui disaient rien de bon, car son grognement était des plus significatifs. Tout à coup je me trouve nez à nez au milieu du sentier, avec un solide gaillard à la figure brunie par le soleil et grêlée par la variole : ce monsieur-là devait être un chef pirate.

« Eh ! dis donc, où vas-tu comme ça ? à la chasse ? »

Il fallait bien dire quelque chose pour se donner une contenance.

« Je vais, répondit notre homme, faire le commerce avec les montagnards.

En promenade dans la brousse.

— Allons, très bien; ne serais-tu pas un parent du Quyên-Ao ? »

On m'avait donné son signalement.

« Oui, je suis son fils aîné, avoua-t-il en me regardant dans le blanc des yeux.

— Eh bien, dis donc à ton père qu'au lieu de contracter la fièvre des bois en courant la montagne, il ferait mieux de venir avec moi chez le capitaine de Vân-Bàn qui recevrait avec plaisir sa soumission.

— Merci, Père, on verra ça plus tard. »

Et nous nous croisâmes enchantés l'un et l'autre de nous tourner le dos.

Je n'ai jamais eu d'autre colloque avec un chef pirate en activité de service. La patrie n'est donc pas en danger par ma faute, comme le craignait un peu trop le vieil Africain nouvellement arrivé à Vân-Bàn. Par Allah ! il n'ouvrait jamais sa porte au P. Bác, qu'il connaissait de réputation...

Heureusement les officiers des autres postes me recevaient toujours avec cordialité. Les sous-officiers et les soldats se faisaient une fête quand ils trouvaient l'occasion de causer un brin et de fumer une pipe avec le missionnaire.

Tenez, faisons route un instant avec ce vieil adjudant qui, légèrement ému, vient de déjeuner chez des camarades.

« Bonjour, mon Père! Que j'ai de la veine de vous rencontrer ! car voilà, vous savez? je voudrais vous demander un petit service.

— Comment donc, adjudant? Un grand, si vous voulez. Faut-il vous confesser ?

— Ah! pour ça, mon Père, pas pour le quart d'heure. Quand j'en serai réduit à ce point-là, je ne dis pas non; vous connaissez la vie du troupier, mon Père : on rit, on boit, on s'amuse, mais au fond, pas d'erreur, on croit en Dieu ! »

Ces paroles sortaient du cœur, bien certainement, mais avec un coup de gosier enroué, qui sentait encore le mêlécassis.

« Eh bien, je prends acte de votre profession de foi, adjudant, mieux vaut tard que jamais; et autrement, qu'il y a-t-il pour votre service ?

— Pour lors, mon Père, voici. Depuis mon enfance, je suis, comment dirai-je ? je suis un peu toujours été à côté, c'est-à-dire en dehors de ma famille. »

Suit une histoire généalogique contée en termes tellement ineffables que je ne vous en dis pas davantage.

« Compris, mon Père ?

— Parfaitement, adjudant : vous verrez, avec une lettre à M. le curé de chez vous, votre affaire marchera comme sur des roulettes.

— Eh bien, mon Père, tapez là, et aussi vrai que je m'appelle... mon nom, ce soir j'aurai le plaisir, l'honneur et la gloire de vous envoyer du poste une ration de pain, de vin et de viande ! »

Avant de nous séparer, mon brave adjudant s'était tellement cléricalisé, qu'il me vantait le libéralisme de Mgr Dupanloup. Il avait lu l'oraison funèbre de Lamoricière.

« Oui, mon Père, parfaitement, Mgr Dupanloup, évêque d'Orléans, un Bossuet français. »

Je faisais des efforts surhumains pour garder mon sérieux, mon tuyau de pipe se brisa entre mes dents.

Mais le soir, hum ! une vraie soupe d'officier. Après les grâces du soldat :

> Dieu soit béni de ce repas
> Pourvu que l'autre ne tarde pas ;
> Si meilleur il n'est pas
> Que pire il ne soit pas !

j'en chantais encore le *Clairon* de Déroulède.

VIII

Un rebelle devenu sous-préfet de Phû-Ninh. — Ce que rapportent les transactions et l'entente cordiale avec un mandarin. — Sous la surveillance de la police. — Érection de l'église de Ké-Sôm. — Mission à Mo'n-Ma, au pays muong. — Le P. Beaumont au Laos. — Le sous-préfet nous déclare ouvertement la guerre.

Au mois de juillet 1887, époque de la moisson et des grandes chaleurs, je pus laisser la paroisse du Du-Bô à la garde du P. In et aller passer quelques jours de vacances à la communauté de Ké-Sô. Quand je revins, je trouvai à Son-Tây une lettre du curé de Bân-No qui me priait de vouloir bien m'occuper de quelques individus de la commune de Nhuong-Bô, retenus injustement en prison par le *Quan-Huyên* (sous-préfet) de Phû-Nih, un concessionnaire de première classe, ancien intendant militaire des troupes du Bô-Giàp.

Sentant bien que le prestige des rebelles ne ferait pas long feu, ce mandarin, après avoir préalablement bourré ses poches de piastres et de barres d'argent, avait faussé compagnie à ses anciens amis, et grâce à l'appui de patrons influents, il s'était fait nommer sous-préfet de Phû-Ninh. Mais, en changeant de drapeau, notre sous-préfet n'avait pas dépouillé le vieil homme, et bientôt ses administrés n'eurent qu'une voix pour se plaindre de ses cruautés.

Je me figurais qu'en prévenant le résident de Son-Tây, il serait facile de faire rendre justice aux pauvres gens qui s'étaient adressés à moi par l'intermédiaire du curé de Baû-No; mais, avant de porter plainte officiellement, je crus devoir me rendre à la sous-préfecture pour me renseigner moi-même d'une façon complète.

Le mandarin, pour mieux me tromper, accéda à ma demande et remit en liberté les notables de Nhuong-Bô, qui par reconnaissance me prièrent de vouloir bien les recevoir au nombre des catéchumènes avec une quarantaine de personnes de leurs familles. Mgr Puginier me donna un catéchiste pour installer une école de religion à Nhuong-Bô. Tout alla bien pendant plusieurs mois, et j'eus la consolation de baptiser une trentaine d'adultes, noyau de la nouvelle chrétienté que je plaçai sous le vocable de saint François Xavier.

Je n'étais cependant pas sans inquiétude pour l'avenir, car parmi les individus qui avaient demandé à se convertir j'avais été obligé d'éliminer un notable dont les dispositions me paraissaient suspectes. Ce mauvais larron, par sa fourberie et sa haine, devait contribuer à la perte de mes néophytes.

Cependant, pour le moment, le succès de cette affaire avait du retentissement dans le pays, et bientôt le principal habitant du grand village de Ké-Sóm vint me supplier de sauver sa famille de la ruine dont elle était menacée. Cet homme, nommé Ly-Quang, était un beau vieillard à cheveux blancs, d'un air tout à fait respectable. Il m'expliqua que son frère cadet, le sous-chef de canton Ninh, avait servi d'agent de renseignements aux troupes françaises lors de la colonne de Thanh-Mai, tandis que le chef de canton, Chánh-Câu, se trouvait dans les rangs des rebelles. Ninh et Chánh-Câu s'en voulaient à mort.

Dans une bagarre, un client de Chánh-Câu avait été décapité par Ninh qui, muni d'une autorisation officielle pour poursuivre les pirates, s'était empressé de porter la tête du brigand au commandant français du poste de Thanh-Mai :

« Très bien ! » avait dit l'officier, sans donner un reçu, naturellement.

Mais quand l'ex-*diên thi* (intendant) du Bô-Giáp vint prendre possession de la sous-préfecture de Phû-Ninh, ce fut bien une autre chanson. Le nouveau mandarin, qui avait acheté sa place en belles piastres sonnantes, se trouvait en appétit et éprouvait le besoin de remplir son escarcelle. Chánh-Câu, son ami, lui en fournit l'occasion en accusant Ninh d'assassinat. Celui-ci se défendit énergiquement, alléguant la raison de service : le sous-préfet n'entendit pas de cette oreille et le poursuivit avec acharnement.

Quand le mandarin avait besoin d'argent, les satellites menaçaient Ninh de la cangue, et celui-ci s'empressait d'apporter ses écus à la sous-préfecture. Cette façon de rendre la justice est assez ordinaire... au Tonkin, j'entends ; mais, si les juges la trouvent commode, les accusés, surtout quand ils sont innocents, la trouvent tout à fait mauvaise.

L'instruction de la cause ne finissait pas, et la bourse de Ninh était à sec. Le sous-préfet menaça de porter l'affaire au tribunal des grands mandarins de Son-Tây, si le frère aîné ne payait pas pour le cadet. C'est alors que Ly-Quang prit le parti de se réfugier sous la protection du missionnaire pour obtenir justice auprès du résident de France.

Le gérant de la résidence de Son-Tây, à cette époque, était un ancien médecin de marine qui ne prodiguait pas les marques de sa bienveillance aux missionnaires. Avant d'en être réduit à lui demander secours, je fis encore une démarche auprès du sous-préfet, qui, habile politique, m'envoya quatre pots de thé avec l'assurance de sa parfaite considération et de son affectueux dévouement. « L'affaire de Ninh recevrait une prompte solution, et Ly-Quang ne se serait en rien rendu responsable pour son frère. »

Par reconnaissance, ce notable m'obtint de son conseil municipal un terrain pour bâtir une école et une chapelle. Mais le Quan-Huyên sentait que, s'il me laissait prendre définitivement pied à Ké-Sóm, il aurait à côté de lui un témoin gênant de ses faits et gestes. J'en connaissais déjà quelques-uns qu'il aurait bien voulu garder secrets. Il avait

Tribunal du mandarin.

fait mourir sous les coups de rotin un jeune chrétien, qui, à tort ou à raison, ne voulait pas avouer un délit. Le père de ce malheureux jeune homme faisait des démarches pour obtenir des dommages-intérêts. En même temps, une pauvre femme, veuve d'un chef de canton assassiné par un rival, accusait le sous-préfet d'avoir reçu de l'argent pour laisser l'assassin en liberté. Pensant bien que ces deux affaires pouvaient mal tourner pour lui, le mandarin voulut donner le change à l'autorité française en circonvenant le résident par des rapports mensongers sur les chrétiens, le missionnaire et les curés indigènes.

Cependant, le calme paraissant rétabli, je laissai un catéchiste à Ké-Sóm et, au mois de décembre, profitant de la saison froide qui est plus saine, j'allai avec le P. Khanh, curé de Duc-Phong, passer une quinzaine de jours dans les chrétientés de Mo'n-Ma, en pays muong, qui depuis longtemps n'avaient pas eu la visite du missionnaire. Les Annamites du Delta confondent sous l'appellation générale de Muongs les différentes races qui peuplent les montages du nord-ouest du Tonkin, bien qu'à proprement parler Muong signifie plutôt district, division territoriale. Dans les pays de montagnes, on dit un *Muong*, comme dans le Delta on dit un *Huyên* (sous-préfecture).

Je n'entreprendrai pas ici une étude ethnographique sur les Thô, les Mân, les Méo et les Thaï, qui ont des mœurs et des caractères bien distincts. Les officiers commandant les postes de l'intérieur sont beaucoup plus à même que moi de donner des détails intéressants sur ce sujet. Les pauvres chrétientés de Mo'n-Ma (Cû-Banh et Lang-Côc), qui comprennent environ deux cent cinquante âmes, sont situées dans les montagnes de la vallée du Sông-Bùa, et appartiennent, je crois, à la race thô; mais, à part leurs maisons élevées sur pilotis, le costume des femmes et un patois particuliers au pays, ils conservent encore beaucoup d'analogie avec les

Femmes màn.

vrais Annamites, qui aiment à les traiter de sauvages parce qu'ils sont plus simples et se laissent facilement piller par les civilisés.

Les maisons construites sur le flanc des collines, par petits groupes de trois ou quatre, sont élevées de deux mètres au-dessus du sol et on y grimpe à l'aide d'une échelle. En général on y est au large, et la grande salle commune réunit toute la famille et les hôtes autour du foyer pour les longues soirées d'hiver et les sempiternelles journées de brouillards d'automne et de printemps.

On travaille peu dans ces pays primitifs, où la nature se charge de nourrir les fainéants à peu de frais. Mais en revanche, pendant la plus grande partie de l'année, le climat de ces montagnes est très malsain, surtout pour les étrangers, qui n'y font pas impunément un séjour de plusieurs semaines. On en sort ordinairement avec la fièvre.

Malgré tout, j'aime ce pays sauvage, où je ne suis arrivé qu'après avoir traversé plus de vingt torrents, de hautes montagnes et de profondes vallées. Un vrai petit Laos, où il y a déjà un noyau de vieux chrétiens! Il me semble qu'un missionnaire seul au milieu des montagnes de ce pays, mais ayant à côté de lui le Dieu du Tabernacle, pourrait réaliser en même temps les aspirations de l'apôtre et de l'ermite. Mais je pense au cher P. Beaumont, qui m'a quitté depuis le mois de novembre pour se rendre à l'appel de Mgr Puginier et s'en aller au Laos.

Nous nous trouvions ensemble à Duc-Phong, quand, un beau jour, étant en train de causer de l'avenir, nous reçûmes quelques plis de la Mission.

« Pourvu que ce ne soit pas une destination pour le Laos ! me dit mon confrère... je ne me suis jamais senti d'envie pour ce pays-là. »

Et, ouvrant une lettre de monseigneur, il trouve son ordre de route.

Chef de Muong avec sa famille.

« Eh bien, dit-il résolument, que la sainte volonté de Dieu soit faite, vive le Laos ! mais je vais y mourir, j'en ai pour un mois ! »

Triste pressentiment, qui devait, hélas ! se réaliser à la lettre.

Pour moi, à cette époque, mes rêves laotiens s'étaient évanouis, et la Suisse tonkinoise suffisait largement à mon humeur montagnarde. Du reste, les misères allaient me pleuvoir sur le dos, car, pendant que j'étais à Mo'n-Ma, au milieu de mes braves Muongs, l'orage s'amoncelait du côté de Ké-Sóm, la nouvelle chrétienté que le diable voulait détruire, Vân-Niên, le catéchiste, à qui j'en avais confié le soin, vint me prévenir que le sous-préfet de Phû-Ninh avait enfin levé le masque et accusait missionnaire, catéchistes et chrétiens d'être des perturbateurs de la paix publique. Ninh et son frère le Ly-Quang avaient été jetés la cangue au cou dans les prisons de Son-Tây, et les pauvres néophytes de Ké-Sóm et de Nhuong-Bô me suppliaient de courir à leur secours. Je laissai donc le P. Khanh achever de donner la mission à Mo'n-Ma, et je revins à Hoàng-Xà célébrer la fête de Noël.

Le lendemain, j'enfourchais mon brave Coco et partais au galop pour Son-Tây. Il n'y a pas de pirates sur la route aujourd'hui : chassons les idées noires, vive le grand air !

Alerte, alerte, mon cheval et mon chien,... plus rapides qu'un vent d'orage, traversons les champs poudreux; en attendant que les balles nous sifflent aux oreilles et nous brûlent les crins, nous allons voir ce que les mandarins de la province *ont dans le ventre.*

IX

Une audience du Quan-A'n. — Ce que vaut la parole d'un magistrat annamite. — Un sergent trop zélé. — Emprisonnement d'un catéchiste. — Réception laïque chez un résident anticlérical. — Fête de Pâques à Lang-Bac. — Le lieutenant Blaise. — Incendie de la préfecture de Lam-Thao.

Je compris bientôt que j'avais affaire à des gens de parti pris et qu'il ne serait pas facile de tenir tête à tous les scribes et pharisiens de la province. Cependant, je me rendis chez le *Quan-A'n* (grand juge). Il était assis à son tribunal, entouré de ses secrétaires, huissiers et autres vilaines *mouches* sans miel dont le peuple annamite ne connaît que trop le bourdonnement et la piqûre. Le grand mandarin m'accueillit avec une froideur cérémonieuse et m'invita à m'asseoir au-dessous de lui, contrairement aux habitudes des gens bien élevés. Je priai le Quan-A'n de m'excuser si je le dérangeais, et, après avoir échangé quelques phrases banales sur la pluie et le beau temps, j'exposai respectueusement le but de ma visite :

« Un notable de Ké-Sóm, lui dis-je, nommé Ly-Quang, qui étudiait la religion, a été mis en prison sans que je connaisse le motif de son arrestation. Comme je n'entends pas me faire le protecteur d'un coupable, je serai très obligé au grand mandarin s'il daigne m'éclairer. »

Au lieu de donner des raisons bonnes ou mauvaises, voilà mon Quan-A'n qui prend son grand air de bataille et se met à crier que Ly-Quang n'est pas en prison, que les missionnaires ont bien tort de croire les racontars du peuple et de se mêler des affaires civiles.

« Pardon, grand mandarin; si votre sous-préfet de Phû-Ninh ne s'acharnait pas sur mes chrétiens, je n'aurais jamais ambitionné l'honneur de vous voir. La preuve que je ne me mêle pas des affaires purement civiles, c'est que je ne vous parle que de Ly-Quang et non de son frère Ninh, qui a un procès pendant à votre tribunal. Mais Ly-Quang, un vieillard, est prisonnier ici avant d'être accusé; on veut l'intimider pour l'empêcher de se faire chrétien, et j'use de mon droit en prenant la défense d'un néophyte innocent.

— Oui, vous avez ce droit, le roi a accordé la liberté des cultes; mais je vous dis que Ly-Quang n'est pas en prison. »

J'eus beau insister en faisant observer que, la veille encore, j'avais dû solder quelque chose pour les frais de nourriture du prisonnier, le Quan-A'n nia encore l'arrestation de Ly-Quang. Devant cette fin de non recevoir, ma position devenait gênante; tout le Sanhédrin souriait de mon embarras.

« Eh bien, grand mandarin, moi, je vous déclare que Ly-Quang est là, dans la prison voisine, et, d'une façon ou de l'autre, on finira bien par le trouver. »

Je m'étais levé en disant ces paroles vivement accentuées.

Le Quan-A'n lut-il dans mes yeux que j'allais enfoncer les portes de la prison? Toujours est-il qu'il changea subitement de tactique et ordonna d'amener Ly-Quang, s'il était réellement en prison. »

Un *dôi* (sergent) de satellites prit l'ordre à la lettre et fit aussitôt comparaître le prisonnier. Qu'on juge de la fureur du mandarin contre ce pauvre dôi trop zélé qui se permettait d'obtempérer aux ordres de son chef. Mais, chez les Annamites, la dissimulation et la duplicité sont encore plus fortes que la colère, et l'excellent grand juge, saisissant un rotin, frappa lui-même à tours de bras ce vil subalterne, « coupable, disait-il, d'avoir arrêté Ly-Quang sans mandat. » Et cependant c'était bien sur l'ordre du haut fonctionnaire que le prisonnier avait été amené à Son-Tây.

En subissant les coups de rotin qui pleuvaient sur la partie la moins noble de son individu, le malheureux dôi devait se dire *in petto* que la gendarmerie est vraiment un métier difficile, surtout avec un préfet de police à poigne qui passe lui-même à tabac ses plus fidèles subordonnés.

Pour moi, écœuré, je faisais des réflexions que je ne pus assez contenir, quand, d'un air hypocrite, le magistrat voulut me parler de sa bonne foi surprise. Le Quan-A'n, je le comprenais parfaitement, ne me pardonnerait pas de l'avoir obligé à baisser son masque : puisque le sort en était jeté, je lui dis son fait. Devant tout le public officiel, je déclarai que les racontars du pauvre peuple avaient pour moi beaucoup plus de valeur que sa parole de grand mandarin.

Sur ces entrefaites, entra le *Tông-Dôc* (gouverneur). Le sourire sur les lèvres, très aimablement, ayant l'air de ne se douter de rien, il me tendit la main. Vù-Vàn-Bao, en fin politique, ne voulait pas d'histoires et désirait garder à l'égard des missionnaires et des chrétiens une apparence de neutralité. Cet habile homme devint peu après ministre des rites et ambassadeur extraordinaire en France lors de l'Exposition de 1889.

A son retour d'Europe, il lui arriva une bien fâcheuse aventure. Se trouvant en villégiature dans son pays natal, il fut enlevé en plein jour par d'audacieux pirates qui se présentèrent chez lui déguisés en miliciens. Le malheureux eut beau offrir tous ses trésors pour sa rançon, les bandits qui voulaient se venger de lui l'emportèrent, pieds et poings liés, dans la région du Baî-Sây, où ils ne le mirent à mort qu'après lui avoir fait subir les plus cruels tourments. Je voudrais espérer qu'à ce moment terrible Vù-Vàn-Bao, qui, comme beaucoup de Tonkinois lettrés, connaissait la religion mais n'avait pas le courage de l'embrasser, a eu la grâce de reconnaître ses fautes et de désirer le baptême !

Dans la circonstance embarrassée où je me trouvais pour le moment, le gouverneur, que je crus devoir informer de tout, fit, séance tenante, remettre Ly-Quang en liberté.

Ce succès, dont je rendis grâce à la Providence, ne me grisa pas. J'étais toujours dans l'appréhension, car le Quan-A'n ne se tenait pas encore pour battu. Il vint cependant à la Mission à l'occasion du 1er janvier, le *têt tây* (le jour de l'an français), comme disent les Annamites, et nous fîmes ensemble assaut de politesse.

En son cœur, il devait sûrement répéter « que le diable emporte ce P. Bàc de malheur »! tandis que moi, sans rancune, je demandais au Ciel de donner à ce mandarin la conversion sur place ou l'avancement bien loin de moi et de mes nouveaux chrétiens.

Le 31 décembre, j'allai, avec le P. Méchet, présenter mes devoirs et mes souhaits de nouvel an au résident, qui me jeta un regard peu rassurant. Le sachant prévenu contre moi, je préférais attendre les événements plutôt que de faire appel à sa protection.

Mes inquiétudes n'étaient que trop fondées : le 2 janvier, au matin, le Tong-Dôc m'envoya prévenir confidentiellement qu'il n'était pas de mes ennemis, mais qu'il se lavait les mains de tout ce qui se tramait contre moi. Au même instant, un huissier du Quan-A'n arrivait porteur d'un ordre verbal du résident, qui signifiait à Ly-Quang et à mon catéchiste Vàn-Niên d'avoir à se rendre immédiatement à la citadelle. Ils furent écroués à la prison indigène sans autre forme de procès.

Que faire ? Écrire franchement au résident pour lui exposer *ab ovo* toute l'affaire était peut-être le meilleur parti, et je l'aurais fait si des gens très sensés ne m'avaient conseillé d'aller me présenter à la résidence, pour fournir les explications que l'on me demanderait. Mal m'en prit.

En m'apercevant, M. R... fut saisi d'une véritable fureur et ne me fit introduire dans son cabinet que pour m'écraser par

Halte dans un village.

quelques mots terrifiants. Ah! messieurs les gendarmes, comme je fus bien habillé par le représentant de la justice européenne.

Après m'avoir déclaré qu'il ne connaissait ni l'évêque Puginier, ni les curés, ni les chrétiens, M. R... me montra la porte d'un geste superbe, car il avait le geste beau, notre protecteur des mandarins! Mis hors la loi sans avoir pu me défendre, je sellai mon cheval et en route pour Hanoï!... pas besoin d'aller jusqu'à Berlin, j'espère!...

Avec Mgr Puginier, j'eus au moins la liberté de m'expliquer.

Monseigneur se rendit chez le résident général, qui lui communiqua un rapport furibond adressé contre moi par le résident de Son-Tây. C'était un *factum* aussi absurde que méchant. Je n'eus pas de peine à répondre point par point aux ridicules imputations dont j'étais l'objet. Les mandarins avaient perdu leur temps, et le résident qui demandait mon expulsion en fut pour ses frais d'écriture. Je pus regagner mon district sans baisser la tête.

Mon catéchiste Vân-Niên, contre qui aucun fait sérieux n'avait été relevé, sortit de prison; et, grâce à l'esprit de justice de M. Lebrun, successeur de M. R..., à la tête de la province, Ninh obtint la revision de son procès et son acquittement. Le seul résultat déplorable de cette longue affaire fut la mort de Ly-Quang, qui s'éteignit en prison avant d'avoir pu recevoir le baptême.

Le Quan-Huyên de Phû-Ninh, l'auteur de toute cette campagne anticléricale, avait d'abord obtenu de l'avancement et avait été nommé préfet de Lam-Thao. On verra bientôt comment et pourquoi il ne jouit pas longtemps de son nouveau poste. Pour sûr, il y a un bon Dieu à qui seul appartiennent la justice et l'avenir! Aussi, malgré tous les efforts du diable, les missionnaires ne se décourageront jamais.

En attendant, pour me remettre un peu de toutes ces émotions, j'allai faire une nouvelle tournée sur les bords de Sông-Chây, revoir Vân-Ru, Trai-Cô, Hàn-Dà, Càt-Lem et Dông-Cho. Cette année (1889), je célébrai la fête de Pâques à Lang-Bac, et j'eus le plaisir d'avoir ce jour-là comme paroissiens français le capitaine Denès et le lieutenant Blaise, qui vinrent de Phû-An-Binh, ainsi que plusieurs sous-officiers et tirailleurs catholiques, pour chanter l'Alléluia avec mes pauvres gens de la brousse. On fit cordialement une agape sous la paillotte délabrée qui me servait de campement, et grâce à ces messieurs on vida une bonne coupe à la France.

Quelques jours après, avec un magnifique paon sur l'épaule de mon *boy*, j'allai les remercier et prendre congé d'eux avant de quitter le Sông-Chây.

En me reconduisant un bout de chemin, le lieutenant Blaise voulut me prêter son cheval pour monter le mien. Coco regimba bien un peu, mais il dut s'incliner sous le poids du grand beau cavalier qui lui fit ce jour-là l'honneur de le monter. Je nous vois encore chevauchant sur les bords pittoresques de la rivière, et j'entends encore M. Blaise, très aimable et très modeste, me parlant avec une noble et patriotique fierté de son père, général tué à l'ennemi en 1870, et de sa pieuse mère, qui aujourd'hui pleure son mari et son fils. Le lieutenant Blaise est tombé glorieusement sur le champ de bataille, comme son père. Ce sont toujours les mêmes qui se font tuer. Honneur à leur nom, honneur à leur mémoire!

Je revins alors dans la paroisse de Baû-No, menacée par des bandes de pillards qui ravageaient le pays. Presque toutes les nuits, on voyait flamber un village. Un soir, en particulier, j'eus bien peur. Je me trouvais à Ké-Sóm, achevant de préparer au baptême la nombreuse famille de Ly-Quang, lorsque, vers les neuf heures, j'entendis au loin des coups de fusils, et j'aperçus les lueurs d'un vaste incendie dans la direction de Baû-No. Triste, je contemplais l'horizon de feu, et j'entendais les braves gens réunis à la chapelle pour la prière du soir murmurer stoïquement :

« Oh! cette fois, c'est Baû-No qui brûle! Le Père va perdre tous ses effets laissés à la cure! »

J'en faisais déjà mon deuil avec toute la résignation possible et obligatoire. Mais Dieu se contenta de mes intentions : ce n'était pas encore le tour de Baû-No; c'était, au contraire, la préfecture de Lam-Thao, installée au village de Cao-Mai, qui flambait avec toutes les richesses du préfet. Toutes les préfectures de la province de Son-Tây, à l'exception de celle de Quôc-Oai défendue par un préfet chrétien, devaient avoir le même sort.

X

Soulèvement de Cô. — Mort héroïque des gardes principaux Magnin et Doucet. — Comment on se débarrasse d'un pirate gênant. — Mandarins, interprètes et contribuables. — La fin d'un concussionnaire. — Un bel exemple de perception directe.

Son-Tây était à cette époque le centre d'une brigade commandée successivement par les généraux Borgnis-Desbordes, Chanut et Bourgey; et la garnison, une des plus fortes du Delta, se composait de troupes de toutes armes.

Hung-Hóa, sur la rive droite du fleuve Rouge, à cinq kilomètres au-dessus du confluent de la rivière Noire, et Viêt-Tri, au confluent de la rivière Claire, formaient avec Son-Tây un triangle dans lequel les grosses bandes rebelles ne purent jamais s'installer sérieusement. Elles préféraient prudemment les contreforts du Ba-Vi et les brousses du Rüng-Già à l'ouest, ainsi que les ravins escarpés du Tam-Daô au nord-est. Cependant, de hardis partisans parvenaient à se faufiler à travers les troupes françaises pour enlever des armes et des munitions, briser la cangue des camarades malheureux qui s'étaient laissé prendre, et incendier les villages auxquels on voulait démontrer leur sujétion obligatoire en même temps que l'impuissance des garnisons voisines. Plusieurs fois même les rues de Son-Tây et de Hung-Hóa furent le théâtre de coups de main audacieux.

Parmi les chefs de bande qui fleurissaient à cette époque, la première place appartient, pour la province de Son-Tây à un ancien tirailleur indigène, nommé Cô. Habile tireur, proposé même pour la médaille militaire, il aima mieux le commandement supérieur d'une troupe de brigands que celui d'une escouade disciplinée, sous les ordres des officiers français. César, dit-on, eut jadis les mêmes instincts. Quoi qu'il en soit, Cô n'agissait pas dans un but politique bien déterminé : il pillait pour le butin, et incendiait par manie, pour le plaisir de terroriser et de faire parler de lui sous le chaume des paysans. Pendant plusieurs mois, il promena le fer et le feu dans tous les environs de Son-Tây, des rives du Day à celles de la rivière Noire et du Grand-Fleuve. La nuit, comme le tigre, il se précipitait sur sa proie longtemps épiée, et pendant le jour, caché tantôt ici, tantôt là, dans un village entouré de haies et bambous impénétrables, il fumait l'opium et faisait ripaille.

Heureusement la province de Son-Tây avait alors à sa tête un résident, M. Lebrun, qui s'occupait un peu plus des agissements des rebelles que de ceux des missionnaires. Il finit par avoir des renseignements exacts sur le gîte de Cô à Tây-Dàng, village voisin de la préfecture de Quàng-Oai, à deux heures au-dessus de Son-Tây, sur la route de Hung-Hóa. Les gardes principaux, Magnin et Doucet, chefs des postes de Nhân-Ly et de Bât-Bat, reçurent des ordres secrets et réussirent à s'approcher du village de Tây-Dàng sans avoir donné l'éveil aux pirates. Mais le garde principal Magnin, se laissant entraîner par une ardeur irréfléchie, agit avec trop de précipitation et, suivi de quelques hommes, pénétra le revolver au poing dans la maison où Cô se trouvait avec une partie de sa bande. Une lutte corps à corps s'engagea furieuse, désespérée, dans laquelle l'héroïque Magnin succomba avec ses miliciens. Alors, des maisons du village où ils étaient cachés, surgissent de nombreux pirates; enivrés par ce premier succès, ils se portent rapidement au-devant de Doucet, qui accourait au secours de son camarade. Il ne devait, hélas! que partager sa mort glorieuse (décembre 1888).

Pourquoi, en cette circonstance, avait-on cru devoir se passer du concours des militaires ? Il me semble qu'en agissant de concert avec eux, on aurait pu facilement cerner le repaire du chef pirate et obtenir un bon résultat au lieu d'un échec.

La nouvelle de ce tragique événement produisit une douloureuse émotion. On mobilisa immédiatement les troupes de Son-Tây; mais, quand on arriva sur les lieux, les pirates avaient pris la fuite. Les corps des deux gardes principaux, Magnin et Doucet, furent inhumés ensemble dans le cimetière de Son-Tây. Une belle colonne de marbre que l'on aperçoit de la grand'route a été élevée à la mémoire de ces braves, et je n'ai jamais passé devant ce monument funèbre sans me découvrir respectueusement en murmurant une prière pour leurs âmes.

Le tour de Cô devait aussi venir. Mais, pour se débarrasser de cette bête féroce, il fallut employer un moyen peu en harmonie avec le caractère français. L'autorité civile mit à prix la tête du fameux pirate, et un milicien, qui aurait pu faire bonne figure au temps de Charles IX et d'Henri III, exécuta, non sans danger, ce coup de Jarnac à la mode annamite. Se faisant passer pour déserteur, il était arrivé auprès de Cô avec armes et bagages, en feignant une grande irritation contre les Français, dont il voulait se venger à tout prix. Pour donner plus de créance aux déclamations de cet espion, la résidence avait fait arrêter ses parents et exercé publiquement des poursuites contre sa commune rendue responsable. Grâce à toutes ces machinations, Cô finit par accorder sa confiance au faux frère qui, un beau jour, lui coupa la tête et revint à Son-Tây avec ce sanglant trophée. Le milicien reçut en récompense le grade de *Pho-Lanh-Binh* (vice-général indigène), et certes il l'avait mieux gagné que Vitry son bâton de maréchal de France.

Cependant l'assassinat de Cô ne suffit pas pour pacifier la

province de Son-Tây, qui était complètement sens dessus dessous. Parallèlement aux pirates, les mandarins travaillaient à leur manière : le pauvre peuple, accablé de corvées et d'impôts extraordinaires, rendait le protectorat responsable de tous ses maux.

Avant l'occupation du Tonkin, les mandarins pouvaient, comme on dit vulgairement, s'en payer à leur aise. Tout était tarifié, et les contribuables devaient connaître au juste, quand ils venaient à un tribunal, quelle était la capacité digestive du gouverneur, du préfet ou du sous-préfet. Le peuple savait du reste que, lorsque le cochon serait bien engraissé, la cour de Hué lui mettrait le couteau dans la gorge, et c'était là une satisfaction accordée à l'opinion publique qui avait bien son prix dans une monarchie absolue. Mais, avec le système de protectorat, le problème social devenait beaucoup plus compliqué. Il fallait désormais compter avec un nouveau facteur, les interprètes, qui, pour de l'argent, se faisaient forts de transformer les innocents en coupables et surtout les coupables en innocents. Il y avait encore toute une smala de *boys* et de *congài* (filles) qui savaient habilement tirer leurs épingles du jeu.

« A la suite de l'éléphant, dit le proverbe annamite, on trouve toujours des restes à se mettre sous la dent. »

Dans presque toutes les provinces du Tonkin, une fois ou l'autre, on a vu des interprètes étaler un luxe inouï. D'un autre côté, le trésor public était souvent à sec, et on en fut réduit, pour éviter la banqueroute, à contraindre les Annamites au rachat des corvées qu'ils firent ensuite pour les beaux yeux de la princesse.

Si parfois le protectorat se trouvait en mesure d'allouer quelques milliers de ligatures (la ligature, au Tonkin, vaut environ six ou sept sous de monnaie française), les mandarins étaient chargés de faire la répartition, et je vous prie de croire que cette opération financière rendait inutile les frais de comptabilité.

Un détail de mœurs qui, avec une forte teinte de couleur locale, montre le degré de rapacité des mandarins. Pendant près d'un an, le faible secours pécuniaire accordé par le protectorat aux lépreux de la province de Son-Tây passa dans poches d'un grand mandarin pour qui il n'y avait pas de petit profit. Il fallut, pour faire cesser ce honteux brigandage, les

Viêt-Tri, au confluent de la rivière Claire et du fleuve Rouge.

réclamations d'un missionnaire, le P. Jean Robert. Le même fait s'est reproduit à Hung-Hóa.

Mais ce qui acheva la ruine complète de la province de Son-Tây, fut la réfection de la digue du Grand-Fleuve qui, lors de l'inondation de 1889, avait été brisée un peu au-dessous de la ville sur une distance de trois ou quatre cents mètres. On crut nécessaire de refaire plus de cinq kilomètres, et pour ce travail énorme des milliers de coolies, réquisitionnés dans toute la province, durent travailler, sans solde pendant plusieurs mois, à la charge des communes. La récolte ayant été perdue, le riz se vendait un prix très élevé.

Eh bien! il s'est trouvé des mandarins, petits et grands, qui ont profité de ce malheur public pour faire de l'argent. Le Quan-Phû de Lam-Thao, mon ancien sous-préfet de Phû-Ninh, se signala en première ligne. Les chiffres suivants, que je crois absolument exacts puisqu'ils m'ont été communiqués par des chefs de canton, donneront une idée de ces scandaleuses concussions.

Le *huyên* (sous-préfecture) de Son-Vi, directement administré par le Quan-Phû de Lam-Thao, comptait alors trois mille quatre cent vingt-quatre inscrits, en défalquant les vieillards, et vingt-deux mille neuf cent vingt-neuf *mâu* (arpents) de rizières. La partie de digue à refaire était de deux cent dix-huit *truong* (le truong annamite mesure dix pieds de long), et la dépense pour chaque truong estimée à cinq cents ligatures. Or, le mandarin exigea une piastre par inscrit, soit trois mille quatre cent vingt-quatre piastres, et cinq ligatures six tiên par arpent de rizières. Avec l'excédent de la recette sur les dépenses présumées, le préfet dut se faire des rentes exorbitantes. Il est vrai que, là-dessus, il devait prélever les cadeaux à faire à ses supérieurs hiérarchiques.

Le Quan-Phû, toujours aux aguets pour prévenir les moindres désirs de ses maîtres, avait su gagner les bonnes grâces de quelques fonctionnaires, pères de famille, en se faisant leur fournisseur de lait. Il prêtait des vaches, celles de ses administrés. Boire du lait au Tonkin, c'est le *nec plus ultra* du luxe, surtout quand ça ne coûte pas un centime, comme au bal de l'hôtel de ville.

Mais l'heure de Balthasar devait sonner pour le Quan-Phû. Un de ses vieux collègues en pirateries, le Cai-Cúc, ex-chef de canton, avait été assassiné. Ne pouvant arrêter les coupables qui avaient fui, le préfet s'en prit à tout le village de Yên-Lânh, qu'il vînt incendier. Exaspérés, les hommes valides de ce village, armés de coupe-coupe, de lances et de bâtons, tombèrent à tour de bras sur le ramassis de pillards qui formaient son armée et les mirent en fuite. La brûlade de Yên-Lânh alluma la rébellion dans le pays et déconsidéra tellement le préfet de Lam-Thao que, lors d'une tournée que M. Beauchamp, nouveau résident de Son-Tây, fit dans cette province (mai 1890), les chefs de canton, les maires et les notables osèrent crier leurs plaintes qui, cette fois, arrivèrent à l'oreille d'un honnête homme énergique. Convaincu de concussions, le Quan-Phû fut condamné à la dégradation et à l'exil. Il changea de nom et retomba sur ses jambes dans une autre province.

J'ai parlé un peu plus haut de la fortune scandaleuse de certains interprètes. Si l'on désire savoir comment ils parvenaient à ramasser un magot sous les yeux mêmes de l'autorité française, qu'on me pardonne l'histoire suivante que j'ai scrupule mais aussi devoir de raconter. On a bien assez édité de calomnies et de sottises sur les missionnaires et les chrétiens du Tonkin pour qu'un témoin absolument impartial et français, j'ose le dire, ait le droit d'écrire ce qu'il a vu de ses yeux, entendu de ses oreilles.

En 1890, les communes de la province de Son-Tây furent invitées à verser directement l'impôt à la résidence sans passer par l'intermédiaire des mandarins. La mesure était excellente, et je fis tous mes efforts dans ma petite sphère pour bien expliquer aux braves gens sur lesquels je pouvais avoir quelque influence que désormais les choses se passeraient très régulièrement, et que les Annamites se rendraient bien vite compte des avantages du système français. Ayant pour principe de ne pas me mêler de ce qui est exclusivement administratif et ne me regarde pas, je ne pensais guère à contrôler la perception des contributions directes, quand, un soir que j'étais par hasard de passage à la Mission de Son-Tây, le maire et plusieurs notables de Tiên-Kieng, commune mixte du huyên de Son-Vi, vinrent me demander au parloir et me conter que, le matin, ils avaient versé l'impôt à la résidence.

« Eh bien! parfaitement, vous avez rempli votre devoir. A quoi bon me déranger? Prenez une chique de bétel et laissez-moi la paix! »

Là-dessus, je retournai causer et fumer une pipe avec le P. J. Robert, mais les gens me poursuivirent, une feuille à la main, en me disant :

« Père, nous vous en supplions, écoutez-nous, nous sommes victimes... »

Et, bon gré mal gré, ils m'apprirent que, le matin même, ils s'étaient présentés au guichet avec cent quatre-vingt-quatre piastres, montant de leurs impositions pour le semestre courant, et que l'interprète, après avoir d'abord accepté toutes les piastres comme bonnes, était revenu avec quatorze piastres fausses, en leur disant :

« On vous donnera un reçu de cent soixante-dix piastres. »

« La belle affaire, mes amis! vous vous en tirerez encore à meilleur compte que les mandarins!

— Ah! mais non, Père, ce n'est pas tout. Nous vous prions de nous laisser achever. Après-midi, nous sommes retournés au guichet pour redemander notre rôle de contributions avec la quittance. On nous le délivra sans nous laisser le temps de vérifier. Et voilà qu'en relisant notre rôle, nous trouvons : « Reçu cent trente piastres! » au lieu de cent soixante-dix. »

Est-ce croyable? est-ce possible? Je fus obligé de me rendre à l'évidence; grâce à la discrétion que je conseillai à mes gens et que j'observai moi-même, j'obtins un dégrèvement de quarante piastres pour la commune intéressée. Donc, c'était vrai ! Comprenez-vous maintenant pourquoi le Tonkin est troublé, pourquoi les impôts ne rentrent pas, pourquoi le peuple se désaffectionne de plus en plus du protectorat, qu'il avait au début salué comme l'ère de la justice et de la délivrance ?

XI

Triste état de la paroisse de Du-Bô (1888-1889). — La chrétienté de Phuong-Vi prise entre deux feux. — Le maire assassiné par les pirates. — Quelques exemples de protection providentielle.

Mais retournons dans la paroisse de Du-Bô, où un nouveau curé, le P. Thái, nous reçoit avec la joie la plus sincère. Pas guerrier du tout, il compte sur le missionnaire du district pour défendre ses ouailles contre les pirates qui deviennent de plus en plus puissants dans la région. J'ai la bonne fortune de trouver comme commandant du poste de Câm-Khé un compatriote, le capitaine Magnenot, avec qui, pendant un an, je dois entretenir les relations les plus cordiales. Le capitaine Kléber, commandant du poste de Vân-Bàn, se montre également très bienveillant. Grâce à ces bonnes dispositions, il me sera permis d'arranger plusieurs difficultés.

A Phuong-Vi, commune dépendant du cercle de Vân-Bàn, le Quyên-Ao, maître des biens et de la vie de nos pauvres chrétiens, exerçait sur eux une oppression encore plus morale que physique. Il s'imposait même de temps en temps dans les maisons, où il exigeait une hospitalité compromettante, sûr de cette façon d'obtenir le silence des habitants, qui ne pouvaient le dénoncer qu'en se perdant eux-mêmes. Cependant quelques pauvres femmes, qui avaient forcé la consigne pour assister un dimanche à la messe, me prévinrent que le chef pirate avait son quartier général dans la maison du maire

Bivouac de tirailleurs dans la montagne.

chrétien. Celui-ci me priait en secret de l'aider à se débarrasser de son hôte.

L'affaire n'était pas sans danger ; mais il fallait bien se décider à prendre un parti. J'allai voir le capitaine de Vân-Bàn pour lui exposer la situation. Il fut convenu qu'il cernerait le village de Phuong-Vi et bousculerait même les maisons chrétiennes pour ne pas laisser aux rebelles de soupçons contre nous. Le maire, Ly-Ninh, fut fait prisonnier et amené au poste. Mais le Quan-Huyên, qui en secret favorisait la bande du Quyên-Ao, le mit à la torture sous prétexte de lui arracher des aveux, et le malheureux maire fut bientôt réduit à l'extrémité. Je dus me rendre à Vân-Bàn pour lui porter secours ; et le commandant du poste, ému de pitié, le fit remettre en liberté après lui avoir prodigué les soins dont il avait besoin. Le maire indiqua au capitaine l'endroit où les pirates avaient caché un canon dont on put s'emparer; mais peu de jours après, comme il revenait à Vân-Bàn pour donner d'autres renseignements, il fut assassiné. Je suis encore tout attristé au souvenir des larmes que versèrent sa vieille mère, sa femme et ses enfants quand ils me demandèrent un service funèbre pour le repos de son âme. Que Dieu protège la veuve et l'orphelin! C'est en pareille circonstance que l'on ressent jusqu'au fond de l'âme la vérité de cette parole de l'apôtre: « Si nous, chrétiens, n'avions pas la foi et l'espérance invincible en la résurrection, nous serions les plus malheureux des hommes! »

Dans chaque village, presque dans chaque famille, il y avait de semblables deuils. Les rebelles se débarrassaient impitoyablement de tous ceux qui, de près ou de loin, pouvaient les gêner. Le fils aîné était massacré sur le cadavre du père, les jeunes filles enlevées pour être vendues aux Chinois, et la veuve désolée était quelquefois entre les mains de l'assassin de son mari et du ravisseur de ses enfants. De Hoàng-Xà au Sông-Chây, et de Son-Tây à Yên-Bái, on peut dire sans exagération qu'à cette triste époque on vivait au milieu des pillages, des incendies, des enlèvements et des meurtres. J'aurais trop de peine à relever ces sanglantes éphémérides. Mais Dieu les connaît ! *juste judex ultionis !*

Au milieu de tant de malheurs, la Providence se plaisait à

Jeune couple tonkinois.

donner dès ici-bas quelques consolations à ceux qui pleuraient et qui priaient. Ainsi des parents, après plusieurs années d'angoisses, ont retrouvé leurs enfants; de jeunes mariés, violemment séparés au sortir de l'église, se voyaient de nouveau réunis, comme par miracle, après une séparation qui paraissait devoir être éternelle.

Un ancien caporal indigène de tirailleurs tonkinois, nommé Cai-Dam, s'était récemment marié à Dûc-Phong, et un beau jour, menant par la main sa petite sœur âgée de six ans, il se rendait tranquillement dans la famille de sa femme. En passant au marché de Cât-Trú, il fut reconnu et massacré par les gens du Dê-Kiêu. La petite fille, à qui on fit grâce de la vie, fut vendue à une mégère qui bientôt l'emmena au loin.

La pauvre mère de Cai-Dam habitait Ta-Xá, et, pendant plusieurs années, quand j'allais donner la mission dans cette chrétienté, je fus témoin de sa douleur et de son esprit de foi. En priant pour l'âme de son malheureux fils, elle suppliait aussi l'ange gardien de l'enfant disparue.

Sept années s'écoulèrent sans aucune nouvelle, mais la mère priait toujours, et je ne sais plus comment elle finit par avoir quelques vagues renseignements qui la mirent sur la piste de sa petite fille.

Confiante en Dieu, elle fouilla les environs de Hanoï et de Son-Tây, et quelle ne fut pas sa joie quand, avec l'aide d'un missionnaire, le P. Duhamel, elle parvint à découvrir son enfant chez des boudhistes qui lui avaient prodigué les meilleurs soins, et eurent beaucoup de peine à se séparer de leur fille adoptive, malgré l'indemnité que leur donna le missionnaire du district.

Au village de Dûc-Quân, près du poste de Hiên-Luong, demeure Trûm-Thâo, vieux notable qui fut en butte à la haine des pirates; ils incendièrent sa maison, massacrèrent sa femme et enlevèrent sa petite fille. Les coupables étaient connus; mais, pendant plusieurs années, Trûm-Thâo fit d'inutiles efforts pour obtenir justice; les voisins n'osaient témoigner au tribunal, et le mandarin était payé pour ne pas bouger. Mais le Ciel fut plus juste que les hommes : on apprit un jour qu'une petite fille de douze ans, venue par hasard dans une maison voisine de Dûc-Quân, disait s'être enfuie de chez ses maîtres qui la

Poste de tirailleurs dans la montagne.

battaient. Grâce à une ressemblace frappante avec sa mère et à une cicatrice, signe particulier connu de plusieurs personnes, Trùm-Thâo retrouva son enfant.

L'odyssée d'une jeune femme de Hàn-Dâ, enlevée par les Chinois en 1890, fut beaucoup plus compliquée.

Vendue à Sông-Phong, village chinois séparé de Laokay par une rivière, cette chrétienne avait pu repasser la frontière, mais seulement pour retomber dans les mains d'un *boy* tonkinois qui mit tout en œuvre pour la garder... Le mari chrétien, ayant appris que sa femme était à Laokay, vint me voir à Yên-Bâi pour me demander de l'aider dans ses recherches. Il allait entreprendre le voyage de Laokay, lorsque l'officier qui avait eu le boy à son service, m'écrivit que ce dernier était redescendu vers le Delta, emmenant en effet une Annamite qu'il disait être sa femme. Au lieu de chercher au nord, il fallait maintenant regarder vers le sud. A Hanoï, la police française put donner l'adresse du boy, retourné dans son pays natal.

Le mari en peine se rendit aussitôt au village indiqué; sans rien dire à personne du motif de son voyage, il s'assit à la porte d'une auberge et se mit à dévisager toutes les femmes qui venaient au marché. Il eut fort à faire; mais, Dieu aidant, sa persévérance devait être couronnée de succès. Il vit passer à côté de lui une personne ressemblant tellement à sa femme que le doute n'était pas possible. Mais, en bon Annamite discret et soupçonneux, il prit des renseignements pour connaître la maison du faux mari de sa vraie femme et s'en vint trouver le missionnaire du district.

Le Père fit venir le boy et lui expliqua qu'il n'avait pas le droit de garder la femme de son prochain, et notre jeune ménage catholique put en paix regagner son foyer.

Il faut que je conte encore ici l'histoire d'un petit garçon qui, par une protection spéciale de la très sainte Vierge, put admirablement se tirer d'affaire.

C'était pendant l'été de 1890. Je travaillais dans ma chambre, à la cure de Duc-Phong, quand je vis entrer sans frapper un petit bonhomme à la mine dégourdie, tête nue, le nez au vent, affublé d'un vieil habit déchiré, beaucoup trop long et trop large pour lui. Sans s'effrayer des grognements de Fidaut, il se prosterne à terre pour me faire trois grands saluts, et, se relevant lestement, debout, les bras croisés, comme un écolier qui récite sa leçon, il commence le récit suivant :

« Père, dix mille saluts ! Ayez pitié de moi. Je suis de la cure de Cho-Ra dans le vicariat de Bâc-Ninh, chez les dominicains. Il y a six mois, les pirates ont attaqué le village, un dimanche, pendant que toute la population assistait à la messe. Le curé a eu le temps de jeter ses ornements et se dérober dans une cachette ; mais moi, qui étais enfant de chœur, j'ai été pris avec une soixantaine de femmes et d'enfants. Les brigands nous ont emmenés bien loin ; mais la sainte Vierge mère de Dieu m'a tiré de leurs mains, et me voici devant vous. »

Là-dessus, l'enfant se prosterna de nouveau et se tint prêt à répondre à nos questions. Sans essayer de l'intimider, je procédai cependant à un interrogatoire en règle, car je craignais d'avoir affaire à un petit coureur de grands chemins, chassé de la mission espagnole. Quand mes soupçons furent dissipés, mon enfant de chœur m'expliqua tout au long par quelles péripéties il avait passé.

« Les pirates, me conta-t-il, nous ont d'abord entassés à fond de cale dans deux grandes jonques qui ont descendu un cours d'eau avant de remonter le grand fleuve. Après trois ou quatre jours de voyage, les jonques sont entrées dans un *arroyo* dont l'eau était claire. On nous a fait débarquer au milieu de la nuit et nous avons marché dans la forêt jusqu'au lever du soleil. Nous étions bien fatigués, et les pirates nous laissèrent reposer dans une pagode abandonnée. La nuit suivante, nous arrivâmes dans un endroit très escarpé et très solitaire. Beaucoup d'entre nous, femmes et enfants, ont été vendus de côté et d'autre. Quant à moi, les pirates me gardèrent comme domestique; j'étais bien malheureux et je priais toutes les nuits la très sainte Vierge, attendant une occasion favorable pour me sauver.

« Avant-hier, pendant la nuit, un orage épouvantable éclata sur le sommet des montagnes ; la violence de la tempête ébranlait avec fracas les habitations. Mais les brigands, qui la veille avaient tué un buffle et s'étaient enivrés dans un grand festin, dormaient tout abrutis. Je fis le signe de la croix, ouvris la porte sans être entendu, et me sauvai à travers la forêt. Arrivé au fond de la vallée, je marchai longtemps de toutes mes forces en suivant le cours d'un ruisseau. Il faisait déjà grand jour quand, près d'un étang, j'aperçus un homme qui pêchait à la ligne. Je me cachai dans les roseaux; mais pensant que, si je restais là, les brigands allaient me reprendre, je m'avançai en criant miséricorde vers cet individu qui eut pitié de moi. Il me conduisit dans sa cabane et me donna une écuelle de riz. Je lui demandai si, dans les environs, il y avait un village chrétien. Il me fit ôter les habits chinois dont m'avaient revêtu les pirates et me donna des haillons pour me déguiser. Il m'indiqua l'endroit où je passerais la rivière près d'un poste français (Phong-Vuc). Voilà comment j'ai pu arriver heureusement jusqu'ici. »

En entendant ce récit, je me rendais parfaitement compte de l'itinéraire suivi par les pirates qui, après avoir descendu le Sông-Calô avec leur cargaison humaine, avaient remonté le fleuve Rouge jusqu'au Sông-Búa et s'étaient joints aux bandes du Dê-Kiêu dans un des repaires du Rung-Già. Mais comment, à Son-Tây, à Hung-Hóa, où il y avait résidence civile et garnison militaire, ces pirates avaient-ils pu tromper la surveillance et passer tranquillement sans être arrêtés ?

L'enfant m'expliqua naïvement la chose : les pirates avaient des papiers qu'ils montraient et hissaient un drapeau français au sommet du mât. « En regardant à travers les fentes de la jonque où je collais la bouche pour respirer, me dit-il, j'ai vu des Français sur le bord du fleuve. J'aurais bien voulu crier; mais il fallait se taire, car les pirates ont tué deux femmes qui pleuraient trop fort. »

Ainsi donc, en plein pays occupé par nos troupes, en territoires civils administrés par des résidents, sur le grand fleuve sillonné par des canonnières, des chaloupes et des jonques de commerce ou de ravitaillement, deux grandes embarcations pirates, avec une soixantaine de prisonniers, avaient pu passer librement sans inspirer la moindre défiance.

Cependant tout n'est pas rose dans le métier de *giác* (pirates); les tirailleurs tonkinois de Câm-Khé et les légionnaires de Vân-Bàn ne faisaient pas toujours des feux de salve inutiles.

Mon brave petit bonhomme, pendant son séjour chez les bandits, vit souvent des cadavres que l'on rapportait d'expéditions. Une fois en particulier, il y avait eu sept ou huit enterrements le même jour.

XII

L'affaire de Hoàng-Luong. — Un petit Judas. — Le capitaine Magnenot. — Assassinat de deux satellites. — Embarras des gens de Ngô-Xá. — Le lieutenant Moll.

Les deux postes militaires de Vân-Bàn et de Câm-Khé faisaient des reconnaissances continuelles et ne cessaient de fouiller tous les coins et recoins des montagnes avec une ardeur qui n'était pas toujours couronnée de succès.

Un jour entre autres, le capitaine Magnenot eut une affaire très sérieuse au pont de Hoàng-Luong, non loin de Ngô-Xá. Depuis le matin, il était, de concert avec le capitaine Kléber, à courir la brousse pour découvrir le repaire de Quyên-Aô, signalé du côté de Quê-Son. Après mille fatigues, ces officiers, qui n'avaient pas rencontré âme qui vive, venaient de se séparer, au coucher du soleil, pour regagner chacun son poste. M. Kléber avait pris les devants. Les pirates, habilement dissimulés par des accidents de terrain, voulurent tenter d'arrêter M. Magnenot en lui barrant le passage de l'arroyo qui sépare Hoàng-Luong de Ma-Lâ. Le pont de bambous, préalablement ébranlé par les pirates, s'écroula sous les pieds des hommes de l'avant-garde. En même temps tombait sur eux une pluie de balles faisant plusieurs blessés. Je crois même que nous eûmes à déplorer un ou deux morts. Heureusement le bruit de la fusillade et les sonneries redoublées du clairon firent rebrousser chemin au capitaine Kléber, qui arriva au pas de course et baïonnette au canon. Aussitôt l'ennemi lâcha pied et disparut dans les brousses.

On pourrait m'accuser de manquer à la franchise si je ne parlais ici d'un vilain garnement de vingt ans, nommé Triêu, qui, quelque temps auparavant, avait été chassé de la cure de Du-Bô pour vol et mauvaise conduite. La police du village, présidée par un sous-chef de canton, lui avait interdit le séjour du district, espérant qu'il irait se faire pendre ailleurs. Mais, au lieu de rentrer dans son pays natal pour gagner honnêtement sa vie, Triêu résolut de se venger et s'enrôla parmi les pirates, épiant sans doute le moment où le missionnaire et le prêtre indigène retourneraient donner la mission à Ngô-Xá. Il rôdait par là le jour de l'affaire de Hoàng-Luong et probablement il fit le coup de feu; mais, n'ayant pas l'envie de prendre la fuite, il trouva plus commode de changer d'habits (ce qui n'est pas long pour un Annamite), et, prenant la peau de l'agneau, il se présenta avec un beau scapulaire neuf sur la poitrine à la rencontre des légionnaires qui rentraient à Vân-Bàn :

« Moi *catholica*, » dit-il, en serrant la main à un soldat européen.

Mais sa ruse fut éventée, car la main qu'il tendit sentait la poudre... Pris à son propre piège, il n'en criait que de plus belle :

« Moi *catholica*, moi *boy* (domestique) du P. Bàc ! »

Par bonheur, personne à Ngô-Xá n'osa se porter caution pour lui, et malgré ses supplications il fut emmené à Vân-Bàn pour être dirigé de là sur la prison civile de Hung-Hóa.

Comme on le pense bien, je me hâtai de fournir les renseignements nécessaires sur le compte de ce mauvais sujet qui, à la résidence, était bien capable de se poser en victime du cléricalisme. Malgré cette précaution, peu de jours après, Triêu parvint à s'évader et retourna chez les pirates. Il eut même le toupet d'envoyer une lettre de menaces à la cure du Du-Bô. Mais Dieu le mit dans l'impuissance de nuire : bientôt on apprit qu'il avait été emporté par la fièvre des bois. En général, les traîtres finissent mal, et mieux vaut abandonner une brebis galeuse à son malheureux sort que de laisser gangrener tout le troupeau. Saint Paul déjà se plaignait des faux frères.

Cependant à Câm-Khé, le capitaine Magnenot, aussi bon administrateur que vaillant soldat, s'efforçait de gagner l'affection de la population indigène : elle serait allée d'elle-même à l'autorité française, sans la mauvaise foi des mandarins que nous maintenions en place. Comme la plupart de ses collègues, le *Quan-Huyên* (sous-préfet) de Câm-Khé ne se contentait pas toujours d'exiger les corvées et réquisitions nécessaires. L'officier avait-il, par exemple, besoin de mille bambous pour réparer les palissades et les casernements? Conformément aux circulaires administratives, il priait poliment le mandarin de les lui procurer contre remboursement au comptant. Le mandarin se faisait livrer *à l'œil* trois ou quatre mille bambous et gardait en poche le bon argent français. Le chef de poste désirait-il rencontrer les notables des communes pour s'enquérir des besoins des populations? le Quan-Huyên s'empressait de les convoquer par des satellites qui exigeaient toujours des frais de déplacement. Et quand il s'agissait de réquisition de coolies ou d'enquête judiciaire, il fallait payer la forte somme pour se tirer des griffes du mandarin et de ses trop zélés satellites.

Les villages qui se trouvaient sous la domination immédiate des rebelles réussissaient toujours, pour une raison ou pour une autre, à se soustraire en tout ou en partie aux charges officielles qui retombaient d'autant plus lourdes sur les villages soumis, je n'ose pas dire amis. De là des réclamations, des malentendus, des injustices, des récriminations et des imbroglios qui n'étaient pas faciles à démêler. Le capitaine Magnenot faisait souvent appel pour cela à ma connaissance de la langue et des mœurs du pays. Tout le monde y trouvait son compte, excepté les pirates.

Ceux-ci ne manquaient jamais l'occasion de compromettre le village chrétien de Ngô-Xá qu'ils voulaient absolument contraindre à prendre parti contre les Français. Un jour, deux satellites du Quan-Huyên étaient en train de réquisitionner dans cette commune. Un *dôi* (sergent) pirate, à la tête de quelques hommes armés de bâtons et de lances, tomba sur les envoyés du mandarin et les assomma. Puis les deux cadavres, ligotés sur des troncs de bananiers, furent jetés à l'arroyo qui

Pont couvert à l'embouchure d'un arroyo.

les déversa dans le Grand-Fleuve au-dessus de Tàng-Xá, et le lendemain ces funèbres radeaux s'échouaient devant Câm-Khé Le sous-préfet, comme de juste, demanda une vengeance exemplaire; mais pour atteindre les coupables il fallait les connaître, et une première enquête avait simplement démontré que l'assassinat avait eu lieu sur le territoire de Ngô-Xá. Cette commune allait payer bien cher l'acte de piraterie dont elle avait été le théâtre.

Je me trouvais alors dans la paroisse de Yên-Tâp. Le maire

et les notables de Ngô-Xá perdirent la tête et, en vrais Annamites, à toutes les questions qu'on leur fit subir ils répondirent invariablement : *Không biêt* (nous ne savons rien). Ces dénégations ne servirent qu'à les compromettre. Le capitaine, qui ne voulait pas laisser le Quan-Huyên sévir avant de connaître la vérité, m'écrivit en me priant de me rendre à Ngô-Xá pour tirer la chose au clair. Au lieu de réunir l'assemblée des notables qui m'auraient peut-être bien répondu : *Không biêt*, comme au capitaine, je pris mon fusil de chasse pour aller faire un tour de promenade dans les environs. Les gamins ne manquèrent pas de me suivre :

« Père, je vous prie, venez par ici, il y a des canards, des sarcelles...

— Non, criait un autre, tais-toi, tu dis des bêtises; si le Père veut bien venir avec moi, je lui ferai voir des milliers et des milliers de pigeons ramiers.

— C'est ça, gamin, toi, tu as raison; tiens, porte mon fusil et conduis-moi... Vous autres, ne bougez pas d'ici. »

Et quand je fus seul avec le petit bonhomme, fier d'avoir ma confiance, j'entamai carrément la conversation :

« Dis donc, l'autre jour, les brigands ont assommé les gens du Quan-Huyên? Tu n'as pas vu, toi?

— Oh! mais si, et je sais bien où c'est!

— Tu es un petit menteur, ce n'est pas sur le territoire de Ngô-Xá qu'a eu lieu le meurtre.

— Mais si, Père, venez voir l'endroit. »

Et l'enfant me conduisit à un carrefour où l'on pouvait encore voir des traces de lutte.

« Ah! Père, ajouta-t-il, l'autre jour, nous avons eu bien peur : le capitaine a passé tout près, mais il n'a rien remarqué; il y avait cependant encore des traces de sang. Oui, nous avons eu bien peur.

— Peur de quoi, puisque ce ne sont pas des gens du village qui ont commis le crime?

Entrée d'une grotte.

— C'est que le *Dôi-Nghin* de Tû-Trâm a dit qu'il brûlerait tout si on le dénonçait! »

Et voilà comment ça se passe en famille dans ce triste pays! Je ne tuai ni canards ni ramiers; mais, de retour à Câm-Khé, je pus donner au capitaine les renseignements qu'il désirait, et les innocents ne furent pas condamnés pour les coupables. Les notables de Ngô-Xá reçurent cependant une verte semonce pour leur apprendre à être plus francs. Ils ne demandaient pas mieux, les pauvres; mais, comme ils le disaient toujours : si les fusils français portent loin, le coupe-coupe des pirates est sur notre cou!

Quoi qu'il en soit, je vouai une vive reconnaissance au bon capitaine Magnenot, et son départ de Câm-Khé pour fin de séjour colonial me fit beaucoup de peine. En 1892, il débarquait de nouveau sur la terre du Tonkin et s'empressait de m'envoyer un mot d'amitié et une cordiale poignée de main, regrettant, disait-il, de ne pas revenir dans la région de Câm-Khé. Hélas! quinze jours après, il trouvait une mort glorieuse à la frontière du côté de Cao-Bang, en montant à l'assaut d'un repaire chinois établi dans des grottes impénétrables!

Un officier de tirailleurs, le lieutenant Moll, mort à l'hôpital de Hanoï à la suite d'une horrible blessure, m'a laissé, lui aussi, un affectueux souvenir. Sa famille avait longtemps habité la Franche-Comté, et lui-même avait fait ses études au collège Saint-François-Xavier, à Besançon. Taillé en hercule, brave et généreux, il s'était engagé pour exempter un de ses frères. Sa compagnie occupait à Hung-Hóa le *Vân Miêu* (Pagode des Lettrés). C'est là que nous avions fait connaissance, et la Franche-Comté était pour nous un trait d'union et d'amitié. Toutes les fois que je passais à Hung-Hóa, mon couvert était mis à la popote des tirailleurs. M. Moll partit pour Dai-Lich et Ba-Khé, tout heureux d'aller se battre contre le Bô-Giàp, le vieux patriote annamite qui ne voulait pas déposer les armes. Avant de mourir dans la brousse, on ne sait trop où ni comment, ce partisan de la guerre à outrance contre les Européens nous causa bien du mal, et le lieutenant Moll compta parmi les morts de cette colonne de Ba-Khé. Blessé à la hanche d'un coup de fusil de gros calibre chargé de grenaille le brave officier, soutenu par un tirailleur, eut cependant la chance de ne pas tomber aux mains des pirates. Après quelques jours d'atroces souffrances, il put, couché au fond d'une jonque, arriver à l'hôpital de Hanoï. Mais sa blessure était de celles dont on ne revient pas. Il ne voulait cependant pas mourir, ce beau soldat, à qui le général en chef avait promis la croix de la Légion d'honneur! Étant de passage à Hanoï, j'allai le visiter; il me reçut avec une grande joie :

« N'est-ce pas que je reverrai la Franche-Comté? » disait-il.

M. Moll était précisément dans la même salle qu'un jeune missionnaire, le P. Cherbonnel, qui se mourait de la poitrine. La nuit où notre cher confrère rendit pieusement le dernier soupir, je veillais auprès de son lit avec le P. Méchet. Vers les dix heures du soir, les sœurs vinrent demander la bénédiction du missionnaire mourant, et le lieutenant blessé, qui suivait des yeux cette scène émouvante, m'appela :

« Oh! que le Père est bienheureux de partir ainsi pour le ciel, me dit-il; je me recommande à ses prières! »

Quelques jours après, le lieutenant Moll, muni des sacrements, allait rejoindre là-haut son voisin d'hôpital.

XIII

Un coup de fusil après dîner. — Désarmement de la milice de Hung-Hóa. — Le Tuân-Phû-Dinh-Vân-Vinh. — Fondation de la chrétienté de Hung-Hóa. — Histoire d'un kropatscheck. — Mon district et mon cheval. — Dans la brousse. — — Les pirates à nos trousses.

La province de Hung-Hóa, qui depuis la conquête était restée sous la direction de l'autorité militaire, fut érigée en résidence civile en 1888 et confiée à un jeune licencié en droit qui avait rempli pendant quelque temps des fonctions dans la magistrature assise. On a beau être intelligent, *nemo repente fit summus,* et quelquefois l'expérience coûte bien cher. M. M... eut à construire la résidence et à créer la milice de la province ; mais tout ne devait pas marcher à souhait.

Un médecin indigène, chrétien de Hung-Hóa, m'amena un jour à Dùc-Phong les notables de Thüong-Nung qui avaient à me faire une communication importante. Ils m'apprirent que, parmi les miliciens enrôlés à la résidence, se trouvaient deux individus de leur commune dont les frères ou cousins germains avaient été condamnés à mort à Son-Tây pour crime de piraterie. Le village de Thüong-Nung n'osait se porter garant pour ces deux miliciens suspects qui, un jour ou l'autre, pourraient bien déserter avec armes et bagages. Comme c'était mon devoir, je prévins aussitôt le résident qui, très occupé par ailleurs, ne fit peut-être pas assez attention

Le pont s'écroulait sous le poids du cheval.

aux renseignements du P. Bàc. Les pirates se chargeaient de les confirmer d'une façon tragique.

M. M..., qui venait d'achever la construction de l'hôtel de la résidence, avait gracieusement invité le commandant B... et le capitaine K... à pendre la crémaillère. Après le dîner, vers dix heures du soir, les officiers rentraient à la citadelle et le résident gravissait les escaliers de ses appartements particuliers au premier étage, quand tout à coup au-dessous de lui, dans la cour, retentit un coup de feu suivi de clameurs sauvages et d'un cliquetis d'armes extraordinaire. M. M... jette le cri d'alarme en prenant lui-même son revolver ; puis un calme profond succède au tumulte. A peine, au milieu du silence de la nuit, distingue-t-on comme un bruit de pieds nus d'une troupe au galop.

C'étaient les pirates qui *se trottaient* sur la grand'route avec les fusils de la milice. Le résident et le *Tuân-Phu* (gouverneur d'une province de deuxième classe), ne purent que constater la mort de la sentinelle tuée à la porte du poste et la disparition de toutes les armes. J'ai hâte de dire, pour l'honneur de la garde civile, en général si brave et si méritante, qu'elle n'était pas encore régulièrement organisée à Hung-Hóa. La milice résidentielle ne se composait que d'une trentaine d'individus recrutés au hasard sous les ordres d'un garde principal stagiaire qui, au moment de l'attaque, passait sa soirée dans un casino chinois.

« Quand on en a au poisson, dit un proverbe annamite, c'est sur l'étal qu'on décharge ses coups. » Le résident le fit bien voir au *Tuân-Phu* qui jusque-là avait été *persona gratissima*. Il lui reprocha de n'avoir pas fait veiller autour de la caserne des miliciens et le fit casser.

Ce Tuân-Phu n'était autre que Dinh-Van-Vinh, le chef muong du Ba-Vi, chez qui le P. A. Robert et moi avions fait une promenade lors de notre premier séjour à Hoàng-Xà. Ne pouvant, à cause de son origine, obtenir de hautes fonctions du gouvernement de Hué, Dinh-Vân-Vinh s'était nettement déclaré partisan des Français.

Cette résolution louable ne suffisait pas pour lui donner de la moralité. Le rôle de ce mandarin a été diversement jugé par nos compatriotes. Pour moi, je m'applaudis de m'être toujours, comme on dit, gardé à carreau avec lui. Entre l'arbre et l'écorce il ne faut jamais mettre le doigt.

Poste fortifié sur le fleuve Rouge.

C'est à cette époque (1888) que remonte la fondation de la chrétienté de Hung-Hóa, aujourd'hui chef-lieu du vicariat apostolique du Haut-Tonkin. Le chiffre des chrétiens habitant cette localité n'était que d'une trentaine, mais, comme j'avais souvent affaire à la résidence et que ce point était tout à fait central, il fallait au moins y avoir un pied à terre. Je fis donc l'acquisition d'un terrain situé à un coin de la ville, près de la route de Son-Tây, entre la citadelle et la résidence.

Deux vieilles maisons en bois que j'achetai servirent l'une d'église, l'autre de logement pour le prêtre et les catéchistes.

Faut-il le dire, et pourquoi pas? pour cette fondation, je reçus de Mgr Puginier la modeste somme de trente piastres. La piastre valait alors trois francs cinquante.

Tantæ molis erat Romanam condere gentem!

Il est vrai que, avec la bénédiction épiscopale, Sa Grandeur m'avait octroyé la plus ample de toutes les autorisations pour révolutionner au besoin la France et la Navarre, en faisant appel à la charité catholique.

Aujourd'hui, c'est encore la même chose : j'en suis réduit au même système, à la même extrémité, au même expédient, avec cette différence qu'après avoir quêté pour une chapelle en bois et en paille, j'ai mission maintenant d'écrire « mes Mémoires » pour aider à la construction d'une cathédrale en briques. C'est le progrès!

Intelligenti pauca... Pieux et charitables lecteurs, n'allez pas vous aviser de traduire ainsi : « Les gens intelligents donnent peu! » et que la *vox clamantis :* « Pour la cathédrale de Hung-Hóa et la chapelle de Lao-Kay! » ne résonne pas *in deserto.*

Bref, à la légère mise de fonds de l'évêque, s'ajoutèrent en première ligne de compte dix belles piastres que me donna M. le résident de Hung-Hóa pour la restitution d'un *kropatscheck* dont l'histoire vaut la peine d'être contée. Cette arme à répétion était tombée des mains d'un malheureux zouave tué à la première affaire de Thanh-Mai et avait été ramassée par un Pavillon-Noir qui en fit son gagne-pain, son petit atelier national; partout où il se présentait avec son fusil français, le pirate trouvait facilement le vivre et le couvert. Quel bon billet il avait là! Notre grand diable de Chinois faisait ainsi son tour de pays, quand, une belle fois, en passant le bac du Grand-Fleuve, il commit l'imprudence de se dessaisir un instant de son fusil qu'il posa sans méfiance à côté de lui. Un gars de Tiên-Kieng, jeune et vigoureux, qui épiait tous les mouvements du Céleste assis sur le bord de la barque, profita de ce moment pour lui faire faire la culbute, et à coups d'aviron l'envoyer voir au fond de l'eau s'il y avait beaucoup de poissons.

Voilà comment le kropatscheck devint prise de guerre d'un de nos chrétiens, qui apporta son trophée à la cure de Baû-No, d'où il passa à la résidence. Si j'avais au moins pu retirer de la circulation tous les fusils volés par les pirates, quelle bonne affaire !

Cependant je continuais à courir le pays à pied et à cheval, partout où m'appelaient les besoins des chrétientés et des malades. Toutes les fois que je le pouvais, j'allais aussi visiter les ambulances de Viêt-Tri et de Hung-Hóa, heureux de porter les consolations religieuses à nos soldats malades et blessés.

Ma vie était des plus actives, et il ne m'arrivait jamais de coucher une semaine entière au même endroit : aujourd'hui sur le fleuve Rouge, demain sur la rivière Claire, après-demain sur le Sông-Chây, et quelques jours après sur la rivière Noire.

Mon district comprenait environ treize mille chrétiens répandus dans soixante-seize chrétientés. En long, de Viêt-Tri à Ngoi-Hóp, sur le fleuve Rouge, cent dix kilomètres ; en large, de Mo'n-Ma sur le Sông-Búa et de Hoàng-Xà sur la rivière Noire à Tuyên-Quang sur la rivière Claire et Phû-An-Binh sur le Sông-Chây, cent quarante kilomètres. Je ne parle ici ni de Lao-Kay, ni de Hâ-Giang, à la frontière du Yunnan, qui cependant dépendaient de ma juridiction, car je n'étais pas encore obligé de remonter jusqu'à ces points extrêmes pour visiter les chrétientés groupées dans un rayon moins étendu.

En jetant les yeux sur n'importe quelle carte du Tonkin, on verra de suite que j'avais de la marge pour jouer à cache-cache avec les pirates.

Tous les mois, en moyenne, je faisais de trois cent cinquante à quatre cents kilomètres, toujours par monts et par vaux, et bon an mal an j'arrivais à avoir deux mille confessions qui, l'une dans l'autre, représentaient autant de quarts d'heure. Des jours noirs et des nuits blanches, mais je ne m'en portais pas plus mal.

> *Satis suaviter equitat*
> *Quem Dei gratia portat.*

Pour mener cette vie à grandes guides, j'avais la meilleure bête qu'on puisse désirer, un Coco aux reins solides, ventre de biche et pieds de cerf. Ce fameux petit cheval m'a fait souvent rendre grâce au généreux ami, le docteur Lhéritier de Chézelle, qui m'en avait fait cadeau en quittant le Tonkin. Sur le dos de Coco, j'ai parcouru en un jour la distance de Ké-So à Hanoï, près de quatre-vingts kilomètres, et au mois de juillet ! Quant aux courses de quarante à cinquante kilomètres d'une seule trotte, elles étaient pour nous à l'ordre du jour plusieurs fois par mois.

Mais ce brigand de Coco avait un défaut : il ne se laissait monter que très difficilement, récalcitrait, faisait de l'esbrouffe, et ne supportait pas qu'un tiers le tînt par la bride pendant que je mettais le pied à l'étrier. Avant d'avoir fait complètement connaissance avec lui, cavalier sans éducation, je devais lui tenir un pied de devant replié sous le ventre pendant que je sautais en selle, et si je manquais mon coup en passant par-dessus ma monture, Coco filait au galop me laissant en plan sur le sol.

Je n'aimais donc pas mettre pied à terre, et je me hasardais à cheval sur les ponts vermoulus, sous les poternes à bascule si basses et si étroites qui ferment l'entrée des villages annamites.

Bien souvent mal m'en prit. Le pont s'écroulait sous le poids du cheval et du cavalier qui roulaient l'un sur l'autre dans la vase de l'arroyo ; on se débarbouillait ensuite comme on pouvait. Ou bien je me déchirais les cuisses et les coudes aux bambous épineux des portes, dont le système de bascule me retombait sur la tête, écrasant mon malheureux casque.

Dans les étroits sentiers de la forêt, à tout bout de chemin, des bambous brisés et des branches coupées en pointe mena-

En route dans la brousse.

çaient de nous embrocher, l'homme et la bête. Ou bien une liane, perfide comme un serpent, nous enlaçait au passage. Dans la brousse, de grandes herbes, aiguisées et rigides comme des lames de rasoirs, mettaient en sang les mains et le nez du cavalier et, un peu plus loin, la fondrière enlisante attendait le cheval qui enfonçait jusqu'au poitrail. Heureusement j'étais presque toujours accompagné d'un catéchiste monté, sans le secours duquel je serais plus d'une fois resté en panne.

En sortant de ces mauvais pas, nous tâtions nos côtes et celles de nos chevaux pour voir si tout était encore en bonne place, et je me surprenais à fredonner en souriant :

> J'ai un pied qui remue
> Et l'autre qui ne va guère...

Puis on repartait au galop, pendant que Fidaut, le fidèle compagnon, faisait lever sous mon nez un chevreuil ou un paon que je n'avais pas toujours le temps de saluer d'un coup de fusil.

Et combien souvent, en route, au pas, dans les vallées, sur les monts, sous la voûte verdoyante de la forêt vierge, dans le lit du ruisseau qui coule sur les gros cailloux, combien souvent j'ai laissé mon esprit et mon cœur faire de beaux voyages au doux pays de France, pensant aux parents et amis, qui peut-être bien à cette heure se demandaient avec inquiétude : « Où est-il? que fait-il là-bas, si loin ! » Un brusque écart de mon cheval effrayé interrompait ma rêverie, et Coco, partant au triple galop, les oreilles dressées, Fidaut tremblant de tous ses membres, serrant la queue, me disaient en leur langage naturel : « Le tigre est là... allons-nous-en si nous pouvons. »

Et quand les pirates étaient à nos trousses!

Un jour, revenant de Ngoc-Thâp à Baû-No, je m'arrêtai à Hung-Hóa pour visiter l'ambulance. Je laissai mon catéchiste avec les chevaux sur la rive gauche et passai le fleuve dans le bac, en même temps que deux individus à figure suspecte qui paraissaient trouver tout à fait de leur goût mes bottes et mon revolver, un revolver tout neuf que je portais précisément *en leur honneur* :

« Quel est donc ce *Tây* (Européen)? dirent-ils au batelier:

— Le P. Bàc de *Nô-Lu'c* (nom chinois officiel de la commune de Baû-No). »

Comme je ne faisais pas passer mes chevaux, ces gens en conclurent avec raison que je retournerais le soir à Baû-No.

Un contretemps m'ayant retenu plus tard que de coutume à Hung-Hóa, il faisait déjà presque nuit quand je remontai à cheval avec mon catéchiste Van-Can. Nous trottions tranquillement pour rentrer à la cure, lorsque arrivés près de Trinh-Xà, en face du village de Cô-Dô qui se trouve sur la rive droite, nous entendons le porte-voix des pirates qui nous crie des menaces homériques...

« Au galop ! père, nous sommes *chêt* (morts), me dit mon catéchiste d'une voix étranglée par la frayeur.

— Ne crains rien, ils sont de l'autre côté du fleuve.

— Mais non, mais non, les voici en barque, ils vont monter sur cette rive ! »

En effet, il me sembla entendre le bruit des rames qui battaient l'eau.

« Allons ! Coco, du courage, ventre à terre ! »

Un quart d'heure après, tout couverts de sueurs, nous étions sains et saufs à Baû-No.

Je m'aperçus un peu tard que, dans notre brillante cavalcade, le revolver au poing, j'avais perdu le barillet de mon arme qui, la nuit, m'aurait autant servi que mon tuyau de pipe. Mais, en plein jour, ce revolver sans barillet, tel quel, peut encore très bien produire son petit effet moral. Si vous perdez la cognée, gardez toujours le manche ; enclouez vos canons avant de les rendre.

XIV

Enlèvement du P. Khanh. — Vingt-huit jours d'un curé chez les pirates. — Habile conduite du résident. — Le Tuân-Phû de Hung-Hóa et le Quan-Huyên de Tam-Nông. — Le Dôi-Tô. — Tông-Duy-Tân et l'insurrection. — Fidélité des chrétiens.

Toutes les fois que j'avais le bonheur de descendre à Ké-So, pour la fête de Mgr Puginier et la retraite annuelle des missionnaires, je remontais dans ma Suisse tonkinoise lesté de bonnes résolutions, avec peu d'argent de poche mais une riche provision de paternelles recommandations. Il m'était expressément défendu d'outrepasser les bornes de la prudence, et je jurais toujours de stopper *instanti quo* quand je les rencontrerais sur les bords du chemin. Saluons respectueusement les colonnes d'Hercule !

Cette année-là (février 1890), pour me conformer aux instructions de monseigneur, je devais passer quelque temps de vacances à Son-Tây, chez le P. Jean Robert, successeur du P. Méchet. Mais j'avais à peine eu le temps de causer un brin et d'écrire deux ou trois lettres pour la France, qu'un courrier de Dúc-Phong m'apportait la nouvelle de l'enlèvement du curé de cette paroisse, le P. Khanh, tombé aux mains des pirates.

Après avoir prévenu monseigneur par le télégraphe, je partis aussitôt pour Hung-Hóa afin d'aviser aux moyens de délivrer le prêtre indigène, si toutefois il était encore en vie.

M. B:.., qui avait succédé à M. M... dans le gouvernement

de la province, ne fut pas mécontent de me voir arriver, car il comptait sur moi pour lui tirer cette épine du pied. Songez donc! il avait peut-être bien envoyé le matin même un rapport officiel dans lequel il assurait le résident supérieur que jamais la province n'avait été plus tranquille, et voilà qu'à quatre kilomètres de Hung-Hóa, sur la grande route, en plein jour, les pirates, embusqués dans le pagodon de Bach-Triêu, se payaient la fantaisie d'enlever un curé! A Hanoï, où l'on ne savait rien de cela, l'autorité supérieure fut très surprise quand Mgr Puginier alla communiquer ma dépêche.

Pendant ce temps-là, le pauvre P. Khanh, solidement ligoté au fond d'une petite barque, avait disparu, malgré les efforts des gens de Dúc-Phong qui, aussitôt, s'étaient lancés à son secours. Quelques feux de salve des pirates les avaient tenus à distance, et quand, à la tombée de la nuit, les miliciens de Hung-Hóa arrivèrent, il ne restait plus aucune trace des bandits et de leur prisonnier.

M. Benoît m'accueillit avec une cordiale bienveillance. Qu'il me permette de lui exprimer ici publiquement toute ma reconnaissance pour le signalé service qu'il rendit à la Mission, en mettant tout en œuvre pour délivrer le P. Khanh.

« Voyez vous-même quelles mesures il convient de prendre, me dit-il, et comptez sur moi. »

Deux ou trois jours après mon arrivée à Dúc-Phong, je reçus, sans savoir par qui ni comment, un billet du prisonnier, écrit en caractères chinois sous la dictée des pirates. Il demandait son bréviaire, et m'exposait les conditions de ses bons geôliers : ceux-ci exigeaient pour la rançon du curé deux mille piastres, quatre winchesters et autant de revolvers d'ordonnance avec plusieurs centaines de cartouches. Les pirates savaient très bien eux-mêmes que pareilles conditions étaient inadmissibles.

Quand j'eus la certitude que le prisonnier était encore en vie, je priai le résident de faire afficher dans le *huyên* de

Tam-Nông que si, dans huit jours, le P. Khanh n'était pas relâché sain et sauf, les villages qui avaient des relations avec les pirates seraient rendus responsables pécuniairement. Aussitôt, je vis affluer à Dúc-Phong tous les notables qui se sentaient morveux. Cependant le délai fixé était écoulé et l'affaire ne paraissait guère plus avancée.

M. B... tint parole ; il mobilisa la milice, envoyant des garnisaires dans quelques localités. Voyant que le résident ne parlait pas pour rire, les villages menacés entamèrent des pourparlers secrets avec les pirates, et bientôt une seconde missive du P. Khanh me disait qu'il serait délivré dans l'espace de huit ou dix jours, si le résident voulait bien rappeler les miliciens et ne plus exercer de poursuites.

On accepta, mais en refusant toute rançon.

Enfin, dans la première quinzaine de mars, par une belle nuit étoilée, le P. Khanh nous revenait comme Daniel sortant de la fosse aux lions, un peu amaigri, mais bien content. Les deux notables chrétiens qui, toutes les nuits, attendaient patiemment dans la forêt de lataniers le rendez-vous obligatoire fixé par les pirates, savaient bien qu'il ne serait pas absolument gratuit: ils durent payer une cinquantaine de piastres réclamées fort décemment pour les frais de nourriture et de logement du prisonnier. MM. Roque, armateurs français de Haï-Phong, qui, vers la même époque, furent enlevés par une bande chinoise, ne s'en tirèrent pas à aussi bon compte. Honneur et reconnaissance à saint Joseph, à la protection de qui nous avions eu recours par une fervente neuvaine !

Le P. Khanh, comme un réserviste de France, avait fait juste ses vingt-huit jours. Mais les pirates ayant pris la précaution de lui bander les yeux, il ne put donner que des renseignements très vagues sur les lieux et les individus. Son affaire lui acquit une certaine popularité, et bientôt il devint grand entremetteur de soumissions. Grâce à lui, pas mal de pirates vinrent déposer leur armes aux pieds du résident de Hung-Hóa.

Dans la forêt de lataniers.

Si, à ce moment-là, les grands mandarins avaient été vraiment dévoués à la cause française, la pacification aurait pu faire un grand pas dans la région. Malheureusement le *Tuân-Phú*, successeur de *Dinh-Vân-Vinh*, était un vieux renard qui cachait bien son jeu et faisait à merveille les affaires de la Cour de Hué pour battre en brèche notre influence. Il devint secrétaire général du vice-roi du Tonkin et fut créé chevalier de la Légion d'honneur. Quelque temps après, suspecté de trahison envers la France, il trouva un refuge à la Cour dans un ministère.

Ce mandarin, qui saignait à blanc ses administrés inoffensifs, laissait ses vieux amis les rebelles organiser en paix l'insurrection. Le sous-préfet de Tam-Nông s'ingéniait à marcher sur les traces de son grand chef et délivrait des brevets de civisme à tous les pirates qui pouvaient lui offrir des honoraires.

C'est ainsi que, malgré les protestations des honnêtes gens, il fit nommer maire de la commune de Hiên-Quan un certain Nguyên-Van-Huy, affilié aux bandes du Dê-Kiêu, et connu dans tous le pays sous son nom de pirate, *Dôi-Tô*. Cet individu avait pris part à la destruction du village de Duc-Phong et s'était lui-même reconnu coupable de ce fait, en offrant au P. Khanh une indemnité de deux cents ligatures pour aider à reconstruire la chrétienté. Quand, au mois de mai 1889, il brigua les fonctions de maire, Nguyên-Van-Huy voulut acheter le silence des chrétiens; mais le curé fit observer au sous-préfet qu'il n'était pas prudent de mettre à la tête de la commune de Hiên-Quan un individu connu comme pirate. Je venais de quitter la paroisse; le *Quan-Huyên* (sous-préfet) se crut sûr de son coup et ne tint aucun compte des avis du P. Khanh. Au mois d'octobre, quand je revins à Duc-Phong, j'eus l'occasion de voir le résident de Hung-Hóa, qui me manifesta quelque mécontentement contre les gens de Hiên-Quan :

« Comment voulez-vous que ça marche bien dans ce village mixte? dis-je à M. B... Le maire imposé par le sous-préfet est un partisan des pirates... pirate lui-même ; c'est le *Dôi-Tô*. »

Le résident, qui avait signé le brevet de Nguyên-Van-Huy, crut que je faisais erreur, et je dus éclairer sa religion en lui prouvant que le Dôi-Tô était bien le même personnage que Nguyên-Van-Huy.

M. B..., furieux d'avoir été trompé par le Quan-Huyên qui lui avait fait donner des fonctions publiques à un ancien bandit, tança vertement son sous-préfet et mit en arrestation le Dôi-Tô dont on instruisit le procès...; mais ce fut long, bien long. Quand M. Benoît quitta la province de Hung-Hóa l'affaire n'était pas terminée, et il ne put que me manifester ses meilleures sympathies en me disant :

« Après moi, mon cher Père, j'ai bien peur que ça tourne mal pour vous... »

Il n'y avait pas besoin d'être grand clerc ou grand prophète pour s'en douter, et je sentais bien que le Quan-Huyên de Tam-Nông et l'interprète, qui avaient mangé beaucoup d'argent pour sauver le Dôi-Tô, chercheraient à me jouer un mauvais tour, si le successeur de M. B... paraissait tant soit peu mal disposé pour les missionnaires et les chrétiens.

Mais ne faisons pas l'enterrement avant d'avoir sonné le glas.

Les tragiques événements qui allaient se dérouler avec une effrayante rapidité, devaient favoriser mes ennemis dans l'exécution de leur complot. Étant encore à Hiên-Quan (fin mars 1890), je reçus des prêtres indigènes de Yên-Tâp, de Du-Bô et de Bâu-No des renseignements sur la gravité de la situation. Il n'y avait pas à en douter, on se trouvait en présence d'une insurrection, et bon gré mal gré j'étais obligé de rester dans la bagarre pour ne pas abandonner les chrétiens de mon district au malheureux sort dont ils étaient menacés.

Le grand chef des lettrés du Thanh-Hoá, Tông-Duy-Tân, représentant attitré du régent Thuyêt pour le roi Hâm-Nghi, était venu chez le Dé-Kiêu pour organiser la rébellion. Après avoir échoué à Ba-Dinh, lors de l'insurrection du Thanh-Hoá, il espérait être plus heureux dans la vallée du haut fleuve Rouge. Mais pour réussir dans ses projets il lui fallait s'assurer, sinon le concours, tout au moins la neutralité des chrétiens. Dans ce but, il rédigea une habile proclamation, disant en substance que la plus entière liberté religieuse leur serait accordée et que tous les vrais Annamites devaient être unis dans une même pensée, un seul but, chasser du pays les barbares d'Occident. Alors seulement la paix ferait régner le bonheur dans tout l'empire d'Annam.

Au fond, les sentiments des lettrés n'étaient pas du tout changés; mais, « suivant la direction du vent, dit le proverbe annamite, on déploie son drapeau. » Au commencement de l'expédition française, le mot d'ordre de la Cour de Hué avait été: « Mort aux chrétiens! » Le salut de l'empire exigeait un massacre général: « les Français, privés du secours des catholiques indigènes, ressembleraient à des crabes auxquels on a coupé les pattes. » Maintenant, il fallait bien en convenir, les crabes occidentaux s'étaient peu à peu traînés sur le rivage et avaient même trouvé moyen de remonter jusqu'aux frontières de la Chine. Pour s'en débarrasser, les rebelles osaient mendier l'aide des chrétiens sous couleur de patriotisme.

Mgr Puginier m'avait bien recommandé de faire comprendre aux chrétiens de mon district que, malgré les maux présents, inhérents à la période de conquête, c'était à la France qu'ils devaient la liberté de religion, et que le triomphe définitif de la France pouvait seul assurer le salut et la prospérité du pays. De par les traités, le protectorat français était bien le gouvernement légitime du Tonkin. D'un autre côté, les chrétiens, respectueux de l'autorité du roi et de la France, n'avaient pas à se compromettre dans une lutte ouverte contre les rebelles. C'était le rôle de l'armée de réduire ces derniers à l'impuissance. Les missionnaires français devaient donc, dans l'intérêt général, aider de toutes leurs forces les autorités civiles et militaires en donnant des renseignements utiles. Mais de la prudence, encore de la prudence, toujours de la prudence.

Grâce aux sages instructions de l'évêque patriote, les chrétiens tonkinois ne donnèrent pas dans le piège qui leur était tendu par leurs irréconciliables ennemis, les lettrés. Tông-Duy-Tân en fut pour ses frais de rhétorique; mais, avant de se retirer en Thanh-Hoá, où il devait bientôt tomber entre les mains de M. Boulloche, il proclama la grande guerre; laissant au Dê-Kiêu l'autorité politique, il donna la direction militaire au Dôc-Ngû, ancien combattant de Son-Tây, qui se révéla tout d'un coup vrai général de guérillas et nous fit payer bien cher la possession du Haut-Tonkin.

XV

Le commandant Bergounioux. — Une sortie inutile. — Le sous-lieutenant Ehrer et l'affaire de Quang-Nap. — Un habit rouge fait prisonnier. — Un coup de porte-voix. — Le Dôc-Ngû à Thach-Khoàn.

A la fin de mars 1890, étant à Hiên-Quan, un beau matin j'entendis dans le lointain une vive fusillade. C'était, je l'appris bientôt, le lieutenant Balmonnet, du poste de Vân-Bàn, qui, avec quelques légionnaires, montait à l'assaut d'un repaire du Dê-Kiêu. Grièvement blessé à la tête, ce brave officier, rapporté au poste, put à grand'peine être évacué sur l'hôpital de Hanoï, où les soins des docteurs lui sauvèrent la vie. Après cette affaire, le Dôc-Ngû, ne se croyant pas en sûreté dans le Rung-Già, passa sur la rive gauche du fleuve Rouge et s'installa solidement entre Thanh-Ba, Ngoc-Thap et Dai-Luc.

Exactement renseigné par les prêtres indigènes, j'écrivis au commandant Bergounioux à Hung-Hóa, lui donnant tous les détails que j'avais pu recueillir et le suppliant de faire son possible pour délivrer le pays du danger imminent qui le menaçait. Certes, le commandant ne demandait pas mieux. Chef intelligent et soldat énergique, ayant l'expérience du Tonkin où il faisait son deuxième séjour, il avait tout ce qu'il fallait pour mettre les pirates à la raison, tout, excepté la permission de marcher.

A cette époque, les militaires étaient *au piquet*, soit dit avec ou sans calembour. L'Indo-Chine avait à sa tête un gouver-

Dans la clairière de Thach-Khoán.

neur qui croyait bien faire en immobilisant l'armée (il se nommait Piquet). Pour courir sus aux pirates qui dévastaient le pays, il fallait télégraphier à Hanoï.

A force d'instances, le commandant Bergounioux obtint la permission tant désirée et si longue à venir. Il me demanda des guides et je lui envoyai pendant la nuit deux jeunes gens de Chiêu-Ung, déguisés en tirailleurs tonkinois. J'indiquai les principaux centres de réunion et d'approvisionnement des rebelles. Tout était prêt; le commandant voulait se battre, mais le Dôc-Ngû, jugeant l'adversaire trop sérieux pour tenter une rencontre, disloqua rapidement ses trois cents hommes et fit le mort. Quand le commandant se présenta à la tête de son bataillon, les notables des villages, parmi lesquels avaient pris humblement place plusieurs capitaines et généraux pirates, vinrent protester de leur dévouement à la France en offrant des œufs et des bananes. Cela ne faisait pas le compte du commandant qui, après huit jours de marches et contre-marches, rentra fort mécontent à la citadelle. Pour comble de malheur, pendant une fausse alerte de nuit, deux sentinelles avaient tiré deux coups de feu qui tuèrent le boy d'un lieutenant et un de mes guides endormi dans la case de l'officier de renseignements. Mais, heureusement pour le salut de son âme, ce jeune chrétien avait fait ses Pâques avant de partir : il était père de deux enfants. Le commandant, attristé autant que moi de cet accident, me donna une aumône pour la famille, et me pria d'aller chercher le corps à Ngoc-Thap. Tout le pays sut ainsi que j'avais fourni les guides. Un pirate prisonnier, qui me vit au poste en cette circonstance, me lança un regard qui voulait me dire :

« Tu nous la payeras un jour ou l'autre. »

Les troupes du commandant étaient à peine rentrées dans leurs casernements de Hung-Hóa que, le jour de Pâques, M. Erher, chef du poste de Ngoc-Thàp, eut la bonne fortune de tomber sur un repaire de pirates, à qui il enleva toutes leurs armes, sans avoir ni tué ni blessé. Enhardi, j'oserai même dire, grisé par ce succès, ce jeune sous-lieutenant de réserve, nouvellement arrivé au Tonkin, ne douta plus de rien.

Le 18 mai, je déjeunais chez lui avec le docteur Pichon, médecin de la marine, qui faisait une tournée de vaccine dans la région. Je me vois encore attablé avec ces messieurs sous les vieux arbres qui ombrageaient la case du lieutenant au sommet du rocher surplombant le fleuve.

« Demain, disait M. Erher, il faut que je fasse une reconnaissance du côté de Dai-Luc; j'irai peut-être jusqu'à Lang-Lang.

— Tenez-vous sur vos gardes, lieutenant. »

Une impression de vague tristesse plana sur notre modeste déjeuner.

Le 19, de grand matin, M. Erher partit avec une quinzaine de légionnaires, une trentaine de tirailleurs tonkinois et un seul sous-officier ; chaque homme avait six paquets de cartouches. Le même jour, appelé par je ne sais plus quelle affaire à Hung-Hóa, je visitai le commandant qui, d'un air anxieux, me demanda si M. Erher était sorti. Hélas! à cette heure-là, le sous-lieutenant n'existait plus, mais la triste nouvelle n'était pas encore arrivée à Hung-Hóa.

Le soir, j'allai coucher à la cure de Duc-Phong et, le lendemain, dans la matinée, par un temps magnifique, je repartais pour Ngoc-Thập ou plutôt pour Hà-Thach, chrétienté voisine du poste où je donnais la Mission. Sans penser aux lugubres pressentiments de la veille, j'allais tranquillement mon chemin en suivant la rive droite du fleuve, quand, au-dessus de Nam-Cuong, village dans lequel il y avait deux ou trois notables sujets à caution, j'aperçus, au milieu d'un groupe de femmes travaillant aux champs, un individu en casaque rouge qui, à ma vue, prit aussitôt la fuite.

Comme j'étais de bonne humeur, je mis mon cheval au galop et je fus bientôt sur les talons du fuyard : il se prosterna à terre en criant miséricorde et en reboutonnant vivement son habit débraillé. Ce geste m'inspira quelque soupçon. Je voulus voir ce que mon homme voulait cacher, et bon gré mal gré il fut obligé de découvrir sa poitrine : une magnifique éraflure de balle fraîchement cicatrisée.

« Ah! mon gaillard, tu es bien marqué. Où as-tu gagné cette blessure ? »

Il tremblait comme une feuille ; mais il eut l'aplomb de me répondre qu'étant monté sur un arbre pour se mettre à l'ombre en gardant ses bêtes, il s'était laissé choir maladroitement sur les cornes d'un buffle.

« Ça me fait bien mal, ajouta-t-il.

— Justement, lui dis-je, j'ai ton affaire; viens avec moi à Ngoc-Thàp, le docteur français te guérira. »

A ces mots, l'intéressant habit rouge voulut jouer des jambes; mais le notable chrétien de Hiên-Quan qui m'accompagnait en portant mon fusil de chasse lui dit deux mots qui le tinrent en respect :

« Allons, marche ! »

Et je le conduisis jusqu'à Ngoc-Thàp.

Au poste, je trouvai le commandant Bourgounioux en train de faire l'inventaire de la case de M. Ehrer, et le bon docteur Pichon, les larmes aux yeux, s'approcha de moi.

« Ce pauvre petit Ehrer ! » soupira-t-il.

Alors seulement j'appris les détails de cette malheureuse affaire de Quang-Nap, 19 mai 1890, fatal anniversaire du massacre du commandant Rivière, à Phu-Hoai (1883).

M. Ehrer s'était enfoncé dans un pays boisé coupé de défilés étroits où l'on ne pouvait passer deux de front. Arrivé à Quang-Nap vers dix heures du matin, il fit la grande halte pour attendre les vivres qu'on devait lui envoyer de Ngoc-Thàp. Ses hommes étaient accablés de fatigue et de faim. A ce moment, le Dôc-Ngù, dont les émissaires embusqués dans les mamelons suivaient tous ses mouvements, manœuvra pour lui

Tirailleurs tonkinois à l'exercice.

couper la retraite et donna le signal de l'attaque. Le lieutenant, mortellement frappé à la première décharge, ne tomba pas tout de suite; appuyé contre un arbre, il eut encore la force de crier : « En avant! à la baïonnette! » et bientôt il expira. Les légionnaires ne voulurent pas abandonner le corps de leur chef; quatre d'entre eux se firent tuer en essayant de l'emporter. L'un d'eux était cousin germain du R. P. Villar, du diocèse de Metz, missionnaire au Tonkin occidental, mon ancien vicaire dans le district de Bai-Vàng, massacré en Thank-Hoá (octobre 1887). Les autres Européens s'ouvrirent un passage au milieu des pirates, laissant encore quelques-uns des leurs sur le champ de bataille. Les tirailleurs, je ne sais trop comment, s'en tirèrent sans tués ni blessés. Un publiciste crut devoir accuser de lâcheté le sergent qui les commandait. Pareil jugement est, à mon avis, plus que téméraire, car ce sergent fut décoré du dragon de l'Annam, devint officier et vient d'être tué glorieusement à l'ennemi pendant la colonne du général de Badens dans la haute rivière Claire. Il se nommait Fénard.

Trois semaines avant la mort de M. Ehrer, M. Beauchamp, résident de la province de Son-Tây, dont dépendait alors le *phû* (préfecture) de Lam-Thao, avait fait une inspection dans cette région, et je lui avais signalé la nécessité de rétablir l'ancien poste militaire de Làng-Lang, entre Viêt-Tri et Phû-Doan. L'emplacement du nouveau poste avait été choisi à Thái-Binh, et le jour même de la malheureuse affaire de Quang-Nap un garde principal que je rencontrai sur la route de Hung-Hóa montait pour l'installer.

Après avoir fait inhumer les restes de M. Ehrer et de ses compagnons tués dans le combat du 19 mai, le commandant Bergounioux dut rentrer à Hung-Hóa, emmenant, pour le remettre aux mains du résident, l'individu de Nam-Cuong que j'avais fait prisonnier.

Dans un sentiment de charité bien naturel chez un missionnaire, j'écrivis à M. le résident de Hung-Hóa que, si aucun crime n'était relevé contre cet individu, j'étais le premier à demander qu'il fût remis en liberté. Cela ne voulait pas dire qu'il était inoffensif comme l'enfant qui vient de naître.

Mon habit rouge fut relâché et devint un des plus enragés pirates de la région. Quand, plus tard, il fut admis aux honneurs de la soumission, il comptait au moins une douzaine de meurtres et une vingtaine d'incendies à son actif. Je l'ai revu dernièrement parmi les gardes du corps du Tuân-Phû de Hung-Hóa. Au Tonkin, j'ai des connaissances plus ou moins de cette sorte dans toutes les positions sociales !

Cependant le Dôc-Ngû triomphant ne voulait pas laisser pâlir son étoile et perdre le fruit de sa victoire. Il tenta une attaque plus bruyante que sérieuse contre le poste de Ngoc-Thàp; mais il échoua. Remarquons en passant que les Annamites n'ont jamais enlevé de vive force un seul poste français. Quand le fait s'est produit, comme à Chô-Bo ou à Yên-Lang, il y a toujours eu surprise ou trahison.

Le Dôc-Ngû ne se faisait pas illusion : pensant bien que l'on vengerait la mort de M. Ehrer, il craignait de n'avoir pas assez d'air dans la Dât-Giûa; c'est ainsi qu'on appelle la grande bande de terrains mamelonnés et boisés comprise entre le fleuve Rouge et la rivière Claire, de Ngoc-Thàp et Phû-Doan à Viêt-Tri. Rapidement, et dans le plus grand secret, il se reporta sur la rive droite du fleuve Rouge, entre Bâo-Yên et Dôn-Vang. Ce pays, couvert de forêts et de roches escarpées, forme un véritable dédale où il est très difficile à une troupe de se mouvoir et de se reconnaître, tandis que, du haut des sommets dénudés, une sentinelle en observation peut surveiller tous les coins de la vallée.

J'en avais fait moi-même la dangereuse expérience en allant administrer un malade à Phû-Kiêu.

Parti de Dûc-Phong, pour éviter de faire le grand tour par

la rivière Noire et le territoire de Bât-Bat, je m'étais engagé dans le chemin de Hung-Hóa à Dôn-Vâng, espérant qu'une fois par hasard et à l'improviste, je réussirais à passer. Mon catéchiste à cheval et deux coolies, porteurs de mon léger bagage, formaient toute mon escorte. Nous fîmes halte un instant dans une clairière pour reprendre haleine au pied d'une côte à pic qu'il nous fallait grimper. Resté en selle, je récitais mon bréviaire, pendant que mon cheval, la bride sur le cou, profitait de ce bon moment pour tondre de l'herbe du chemin la largeur de sa langue.

Soudain, au milieu du silence de la forêt, la corne retentit sur le sommet des monts, semblable au cri d'un fauve, et le porte-voix des bandits qui régnaient dans ces parages nous jette une menace pas rassurante du tout.

Faire un bon signe de croix, remplacer mon bréviaire par un revolver dûment chargé, et sauter à bas de Coco que je tire par la bride pour gravir la côte au pas de course, je vous prie de croire que ces mouvements divers furent exécutés vivement; cette fois-là encore, j'en fus quitte pour la peur, qui, du reste, fut bien vite oubliée.

Mais, avec le Dôc-Ngû, les choses ne devaient pas se passer d'une façon aussi inoffensive. Il avait choisi son terrain en habile général, entre Bao-Yên et Dôn-Vang, à dix ou douze kilomètres en arrière de Hung-Hóa, sur le territoire de Thach-Khoân. Bao-Yên, ancien poste militaire qui venait d'être cédé à la milice, ne servait guère qu'à surveiller le passage de la rivière Noire, en face de Luong-Khé, au-dessous du mont Ba-Vi. Don-Vang, point stratégique important sur le Sông-Bua, n'était pas occupé militairement et n'avait pour garnison qu'un bonhomme muong de Cû-Thâng, bombardé Quan-Huyên de Thanh-Thûy et Thanh-Sôn.

Ce mandarin avait été blessé en marchant avec nous contre le Dôc-Sàt; mais, à part cela, il était insignifiant, soit dit sans mauvaise intention. Ce brave homme me fit plus d'une

Légionnaires à la poursuite des pirates.

fois visite. On comprend que le Dôc-Ngû pouvait le traiter en quantité négligeable.

Le général des rebelles, n'ayant rien à craindre sur ses flancs, s'appuyait sur tout le pays muong où il se ravitaillait facilement, envoyant des bandes réquisitionner à droite et à gauche. On ne pouvait donc l'attaquer que de face par la route de Hung-Hóa, et il se préparait activement à la résistance sans avoir à redouter un échec, car, si le commandant Bergounioux venait à lui avec des forces suffisantes, il filerait à l'anglaise. Quand il eut pris toutes ses précautions, il fit répandre le bruit que les Français avaient peur, mais que lui, grand chef invincible, les défiait. Luu-Vinh-Phúc avait agi de même à l'égard du malheureux commandant Rivière.

XVI

Un agent de renseignements clérical et volontaire. — Difficultés du métier. — La fête nationale à Dûc-Phong. — Une réunion à Son-Tây, déjeuner politique. — Mort du sous-lieutenant Margaine. — Comment on s'explique carrément.

Le P. Khanh, alors à Hoàng-Xà pour veiller sur cette partie de la paroisse, se trouvait plus à même que n'importe qui d'être bien renseigné sur les faits et gestes du Dôc-Ngû. Le 13 juillet, il m'envoya un courrier pour me prévenir que les rebelles campaient à Thach-Khoàn.

Immédiatement, je pars au galop pour Hung-Hóa. Le résident était aux bains de mer à Do-Son, et le jeune commis qu'il avait laissé plus ou moins chargé de l'expédition des affaires ne savait rien de l'état du pays. Le gouverneur annamite, que je trouvai en train de faire une distribution de riz aux pauvres de la ville, en l'honneur de la fête nationale, prit un air mystérieux pour me dire que le Dôc-Ngû n'était pas loin.

« Vous avez sans doute prévenu le commandant ? lui demandai-je.

— Non, je suis mandarin civil et je ne dois pas avoir de relations avec les militaires ! » (*Sic.*)

Désolé de cette incurie administrative, je m'en fus à la citadelle vers les deux heures de l'après-midi. Il faisait très chaud. Le commandant Bergounioux, au sortir de la sieste, me laissa voir tout de suite qu'il n'était pas de bonne humeur...

« Eh bien, quoi?... encore des pirates?... ça commence par m'embêter... Vous en voyez partout,... moi, jamais! »

Si je n'avais connu le caractère franc et loyal du commandant, cet accueil de bourru mécontent m'aurait fait sur le champ battre en retraite. Après tout, je n'étais pas payé pour faire à mes risques et périls le métier d'agent de renseignements qui ne m'attirait que des ennuis. Pourquoi ne pas laisser les civils et les militaires se débrouiller à leur guise avec les bandits?

Un peu ému, je repris :

« Mon commandant,... je vous dérange...

— Mais non, parbleu; ce n'est pas à vous que j'en ai... Voyons, Père, asseyez-vous... seulement, vous comprenez, je suis furieux : c'est dégoûtant, une pareille situation. Personne ici ne me tient au courant de ce qui se passe. Merci à vous de venir pour cela. »

Je me dépêchai d'exposer aussi brièvement que possible l'état des choses.

« Comment? objecta le commandant, vous dites que le Dôc-Ngû est à Thach-Khoàn? Mais, ces jours derniers, on signalait vingt pirates par-ci, trente par-là... Ce n'est pas sérieux... Dès que je sortirai de la citadelle, ces pouilleux-là f..... le camp, comme au mois de mars pour la reconnaissance inutile que j'ai faite du côté de Ngoc-Thàp. »

J'insistai pour essayer de le convaincre.

Le commandant me pria d'envoyer de nouveau aux renseignements des émissaires qui devaient être de retour le 15 juillet au matin. Comme d'un moment à l'autre on pouvait venir me chercher pour administrer un malade à trente ou quarante kilomètres de Hung-Hóa, je demandai au commandant de me donner un petit questionnaire contenant les principaux points sur lesquels il désirait être renseigné. Je l'adresserais au P. Khanh qui, sachant un peu de français, pourrait facilement répondre directement. De cette façon, il n'y aurait ni retard ni malentendu.

Cette affaire réglée, je regagnai Duc-Phong avec une bonne miche de pain dans mon sac, car je voulais faire fêter le 14

Fourrier de tirailleurs.

juillet au P. Rigouin, professeur au collège de Hoàng-Nguyên que j'avais le plaisir et l'honneur de posséder pour quelques jours de vacances.

Partis de France ensemble, en l'an de grâce 1879, nous avions pendant la traversée et bien des fois depuis rompu ensemble plus d'une lance, lui pour la monarchie, moi pour la République... la bonne, celle du pape et du peuple. Mais ce jour-là nos dissentiments politiques ne nous empêchèrent pas de mettre la poule au pot, comme de bons et féaux sujets du roy Henri. Par respect pour les opinions de mon confrère, je me contentai, entre la banane et la tasse de thé, de fredonner l'air sans les paroles du fameux chant de Rouget de l'Isle mon compatriote. On n'est pas du Jura pour rien. Et la musique des Pères Blancs, donc? Vive Dieu et son vieux peuple franc! L'avenir est au Christ!

Le 15, de grand matin, nous montions à cheval pour nous rendre à Son-Tây : les vacances touchaient à leur fin, mon confrère devait s'acheminer à petites journées vers le collège, et je lui faisais la reconduite jusqu'à Hanoï où j'avais à voir monseigneur. A la porte de la citadelle de Hung-Hóa, je rencontrai les émissaires du P. Khanh qui, fidèles au rendez-vous, apportaient les renseignements demandés. Je priai le sergent de garde de les introduire chez le commandant dès qu'il serait levé.

Maintenant tout est en règle. A cheval et en route pour Son-Tây où le P. J. Robert nous attend à déjeuner. L'aurore aux doigts de rose rouge a depuis longtemps ouvert les portes de l'Orient à un soleil de juillet qui nous tape dur sur la tête. Pauvre Bibi, pauvre Coco! Comme ils suent, comme ils soufflent ces bons petits chevaux! En arrivant à la Mission, Bibi, qui avait l'honneur — pas mince — de porter le R. P. Rigouin, tomba pour ne plus se relever. Notre ami Camboulives, vétérinaire de l'artillerie, lui prodigua, mais en vain, tous les secours de la science moderne. Adieu, Bibi, te voilà semblable à la jument de Roland!

Le déjeuner ne se ressentit pas trop de cet incident pénible, d'autant plus que, ce jour-là, l'hospitalière maison du P. J. Robert réunissait avec nous deux convives charmants, M. Camboulives dont je viens de décliner les titres et qualités, et le R. P. Nébréda dominicain espagnol, du vicariat septentrional, missionnaire de Xú-Cho, paroisse située sur la rive gauche du fleuve Rouge, à deux heures de Son-Tây. Cet excellent *Padre* savait assez de français pour causer histoire et politique, et toutes les fois que nous nous rencontrions chez le P. Robert, nous mettions sur le tapis la catholique Espagne et la Révolution française, Charles-Quint et Napoléon,... Don Quichotte et

Cure de Duc-Phong.

le général Boulanger. — A l'union des races latines! — « Allez, mon fils, il n'y a plus de Pyrénées! » Nous n'étions pas mélancoliques du tout. On est franco-espagnol ou on ne l'est pas.

Mais les jours se suivent et ne se ressemblent pas : n'oublions pas que nous sommes au Tonkin, en pays pirate et en pleine rébellion.

Hélas! je ne m'en aperçois que trop le 18 juillet en prenant la chaloupe des Messageries fluviales pour descendre à Hanoï. Le pont est encombré de soldats, légionnaires et tirailleurs blessés. Je serre la main à tous ces braves gens et donne à chacun une bonne parole, puisque je n'ai que cela à leur offrir pour le moment. Le sergent Prokos, de la légion (aujourd'hui lieutenant), grièvement blessé à l'épaule, mais le sourire sur les lèvres, me conte les détails de l'affaire qui a eu lieu le 16.

La petite colonne, sous les ordres du capitaine F..., se composait d'environ trente-cinq légionnaires et soixante-dix tirailleurs tonkinois, commandés par le sous-lieutenant Margaine. Prévenu par ses sentinelles postées sur les hauteurs, le Dôc-Ngû s'était aussitôt porté en avant à la rencontre des nôtres et avait habilement dissimulé ses hommes derrière des quartiers de roches couverts de brousse, dans une position absolument inabordable, d'où ils pouvaient, sans courir aucun risque, fusiller les assaillants tout à leur aise.

M. Margaine, qui était d'avant-garde, prit le premier contact avec l'ennemi et, emporté par sa bouillante ardeur, s'engagea à fond avec ses tirailleurs. Ce jeune officier, caractère intrépide, aventureux, français, pensait que, lorsqu'on marche à l'ennemi, on ne peut aller trop vite. Le capitaine F... fut dans la circonstance d'un avis diamétralement opposé. Dès le commencement de l'action, M. Margaine reçut une balle qui lui cassa la jambe; mais il s'obstina à rester sur le champ de bataille pour encourager ses tirailleurs. Appuyé contre une roche, ne pouvant plus se tenir debout, il commandait encore le feu. Les petits Tonkinois firent d'abord bonne contenance; mais, quand leur chef eut été mortellement frappé, ils se débandèrent, chacun cherchant à se tirer d'affaire comme il put. De son côté, le capitaine F..., au lieu d'appuyer le mouvement en avant du sous-lieutenant Margaine, avait cru plus sage et plus avantageux de tourner la position ennemie; mais les légionnaires, braves comme toujours, se heurtèrent à des difficultés insurmontables, décimés à bout portant par le feu d'un ennemi invisible. Après une lutte acharnée, mais par trop inégale, il fallut battre en retraite, laissant sur le terrain plusieurs morts.

Cette malheureuse affaire de Thach-Khoàn, qui coûta la vie à un officier de mérite, fils d'un sénateur, eut quelque retentissement au Tonkin et donna lieu à des discussions assez vives entre légionnaires et tirailleurs. Le capitaine F..... ne trouva rien de plus simple que d'en rejeter la responsabilité sur le missionnaire qui avait fourni les renseignements et les guides, et un sectaire, caché sous l'uniforme d'un lieutenant de réserve, eut la bravoure de publier partout que j'étais bon à fusiller !...

Dès que j'eus connaissance de ce propos, je ne pus m'empêcher, étant à Hanoï, d'en parler au général Bichot, commandant en chef des troupes de l'Indo-Chine. Le noble et vaillant soldat qui, sous les ordres du glorieux amiral Courbet, commanda l'assaut de Son-Tây, savait mieux que personne que les missionnaires du Tonkin ne sont pas des traîtres. Il me reçut avec une extrême bonté :

« Allons, me dit-il, mon cher Père, ne faites pas attention à ce potin ridicule, et venez déjeuner demain matin avec moi. »

Ces bienveillantes paroles me remirent en selle.

N'empêche,

... Manet alta mente repostum.

Des soldats dire pareille chose de moi qui me suis toujours dévoué pour leur rendre service ! Vrai, c'est trop fort...; mais patience, l'heure viendra de répondre.

L'occasion ne tarda pas à s'en présenter.

Un jour, sur la route de Son-Tây à Hung-Hóa, je chevauchai un peu tristement, et malgré moi mon esprit, plus encore que mon regard, allait s'enfonçant dans ces gorges et ces montagnes où venaient de se passer de si douloureux événements. Arrivé à la hauteur du poste de Trung-Hà, j'aperçois trois officiers à cheval qui examinent le pays avec leurs jumelles. Ces messieurs me reconnaissent et arrivent au galop de mon côté. Nous échangeons des poignées de main et le lieutenant S..., officier au titre étranger, me demande si je n'ai pas de nouvelles d'une compagnie d'infanterie de marine, qui a dû partir de Son-Tây le matin même :

« Elle vient par la digue qui longe le fleuve et doit se trouver en ce moment près de Cô-Dô, répondis-je; si vous voulez aller à sa rencontre jusque-là, prenez ce chemin de traverse sur la gauche.

— Oh! merci, fit vivement le lieutenant, aller à Cô-Dô sans escorte, c'est bon pour le P. Girod; mais des officiers s'y feraient couper le cou. »

M. S..., qui s'était toujours montré très gentil avec moi, n'avait sans doute mis aucune méchanceté dans ses paroles, mais l'état d'âme où je me trouvais m'y fit voir une allusion désobligeante, et ma foi, prompt à la riposte, je servis à ces messieurs tout ce que j'avais sur le cœur depuis deux ou trois mois, en les priant de dire au capitaine F..... que, si j'avais été à Thach-Khoàn, j'aurais laissé mon corps à côté de celui de M. Margaine ou bien j'aurais rapporté le sien.

« Mon frère est officier, ajoutai-je, et toutes les fois que je serrais la main d'un d'entre vous, je croyais serrer la main d'un frère... Je me suis trompé... Adieu, messieurs... Hue, Coco ! »

Et je tournai le dos en partant au galop, essuyant d'un revers de main des larmes grosses comme des noisettes.

J'étais satisfait, soulagé... Quelque temps après, je retrouvai le chemin de la citadelle, sans défiance, comme par le passé.

XVII

Nouveaux succès du Dôc-Ngû. — L'affaire de Bang-Hi et la mort de l'inspecteur Moulin. — Incendie de la prison de Son-Tây. — M. Bès d'Albaret. — Une attaque de fauves. — Évasion des prisonniers de Hung-Hóa. — Baptêmes de condamnés à mort.

Après l'affaire de Thach-Khoàn, le Dôc-Ngû, au lieu de fuir vers la haute rivière Noire, voulut étendre son action au cœur même du pays, tout en restant à l'abri d'une surprise. S'il croyait à son étoile, il n'osait cependant pas encore exposer sa fortune au sort d'une bataille rangée.

La région escarpée du Ba-Vi, à portée de Son-Tây et du Delta aussi bien que des territoires muongs, lui offrit une position aussi avantageuse que sûre. Superstitieux comme tant de grands hommes antiques et modernes, il plaçait son camp sous la protection des génies de la montagne. Il opéra son mouvement et effectua le passage de la rivière Noire en si grand secret que, pendant plusieurs semaines, on perdit ses traces.

Dans ces conjonctures, le missionnaire n'avait qu'à se bien tenir... ni trop loin, ni trop près du théâtre des événements. Le pasteur ne doit pas plus se jeter dans la gueule du loup qu'abandonner ses brebis sans défense. J'allai donc, vers la fin du mois de septembre, rejoindre le P. Khanh à Hoàng-Xà où je voulais élever des barricades. En chemin, je m'arrêtai au poste de Bât-Bat qu'on venait prudemment d'installer sur un mamelon, en dehors du village.

Le garde principal était absent; mais le sous-préfet annamite qui avait son prétoire adossé au poste m'invita à prendre une tasse de thé. C'était un assez brave homme, et nous causâmes ensemble, mais discrètement, *pianissimo*. Fra Diavolo

Statue d'un génie de la Montagne.

nous écoutait peut-être, de l'autre côté de la palissade, prêt à nous casser la tête si la fantaisie nous avait pris de dire du mal de lui. Cependant, d'après les sous-entendus de mon interlocuteur, je compris que le Dôc-Ngû devait se trouver dans les environs, sur la rive droite. Aussi, ne fus-je pas mécontent quand, après avoir traversé quelques grands villa-

Gens des territoires muongs du Haut-Tonkin.

ges plus ou moins pirates, je passai la rivière Noire et mis pied sur la rive gauche, au poste de Bao-Yên. Le garde principal L..., un brave garçon toujours disposé à rendre service, me demanda de lui prêter quelques douilles de fusil de chasse. Comme j'en avais une petite provision à la Mission de Son-Tây, je lui répondis que je les lui céderais volontiers, à la condition qu'il les envoyât lui-même chercher, car je n'osais charger un chrétien de cette commission, les chemins n'étant plus bien sûrs. En effet, quelques jours après, le courrier qui m'apportait des lettres se buta contre une bande, campée dans la pagode du village de Bât-Bat pour surveiller la grande route et la rivière. Par bonheur pour sa vie, le pauvre homme, qui n'était pas chrétien, put se recommander de Boudha et compagnie, et, en récompense de cette profession de foi à tous les diables, on le laissa continuer son chemin... les mains vides, car il avait eu la précaution de se débarrasser préalablement de ses commissions compromettantes.

Ce même jour, les pirates faillirent enlever par surprise le poste de Bât-Bat, pendant que le garde principal, avec la plus grande partie de son effectif, prêtait main forte à M. Moulin, inspecteur de la milice de Son-Tây, en reconnaissance du côté de Cô-Dô.

Cette attaque inopinée, qui coûta la vie à deux ou trois miliciens, révélait la présence du Dôc-Ngû. Prévenu, M. Moulin arriva sans retard avec sa colonne de police, forte d'environ deux cents miliciens. L'ennemi avait déjà disparu.

Le lendemain, le vaillant inspecteur qui était d'une bravoure à toute épreuve, mais ne doutait de rien, se lança tête baissée à la poursuite du Dôc-Ngû, dans les labyrinthes du Rung-Daï.

Vers les sept heures et demie, après ma messe, je traversais en barque la plaine inondée pour me rendre à Bao-Yên où M. le résident de Hung-Hóa m'avait donné rendez-vous. La matinée était magnifique et, tout en glissant sur l'eau, je faisais mon action de grâces après le saint Sacrifice : *Benedicite, montes, aquæ, rores, Domino*, admirant les cimes du Ba-Vi, encore humides des vapeurs de la nuit, qui, légères, se dégageaient en voiles de gaze blanche sous les feux d'un soleil radieux. Tout à coup, de l'autre côté de la rivière Noire, un crépitement de fusillade, que ponctuent de formidables feux de salve répercutés par les échos des montagnes. L'air tremblait littéralement, et ma pauvre barquette paraissait ressentir sur l'eau agitée le contre-coup de secousses successives.

« Cette fois, me disais-je, ça chauffe dur ; les pirates ont trouvé leurs maîtres. Pourvu que, de notre côté, les pertes ne soient pas trop sensibles. Mon Dieu, ayez pitié des braves gens qui combattent pour rétablir la paix dans ce malheureux pays ! »

Quand j'arrivai à Bao-Yên, la fusillade avait cessé. Le garde principal, lui, n'avait même rien entendu du tout. Excuse sérieuse : il était sourd. Pendant le déjeuner, très inquiets, nous fîmes toutes les conjectures possibles... excepté la vraie, et dans l'après-midi, pour en avoir le cœur net, on envoya aux renseignements. Hélas ! c'était toujours, toujours la même chose. Encore une fois, l'habile tactique du Dôc-Ngû avait complètement triomphé. Nous avions à déplorer un véritable massacre d'hommes et une perte d'armes très sérieuse.

Voici comment les choses s'étaient passées.

Parti de Bât-Bat avec toute sa brigade et cinq ou six gardes principaux, l'inspecteur Moulin avait marché plus de deux heures dans des chemins étroits et tortueux lorsqu'il déboucha tout à coup dans un cirque formé par des mamelons en étage. Aussitôt, il se rendit compte de la situation et donna l'ordre de se tenir prêt au combat ; mais déjà de toutes parts la fusillade éclatait avec rage.

M. Moulin tomba le premier, le crâne fracassé. Une clameur sauvage s'éleva de l'amphithéâtre d'où les pirates contemplaient leurs victimes tombant sous les balles. Cernés de tous côtés, les pauvres petits miliciens ne savaient où donner de la tête. L'adjudant indigène montra un véritable sang-froid et parvint à faire comprendre à quelques camarades que, puisqu'il fallait mourir là, il s'agissait au moins de vendre chèrement sa vie pour ne pas tomber vivants entre les mains des pirates. Grâce à ces braves gens qui se firent tuer, les gardes principaux, suivis de ce qui restait de miliciens, se jetèrent au hasard dans la brousse et, après avoir erré à l'aventure, finirent par regagner, chacun de son côté, le poste de Bât-Bat.

Telle fut l'affaire de Bang-Hi.

Pendant que tout le monde était sous le coup de ce drame, dans la nuit du 8 octobre, le Dôc-Ngû allait en personne ou envoyait ses lieutenants incendier la prison de Son-Tây pour délivrer quelques vieux collègues. Plus de deux cents prisonniers, dont pas mal de condamnés à mort, prirent la clef des champs et allèrent pour la plupart grossir la bande de leur libérateur. Cette nuit-là, si le Dôc-Ngû avait su oser, il aurait enlevé le général qui dormait tranquillement dans la pagode voisine, quartier de la Brigade, à Son-Tây. — Tu sais vaincre, Annibal... etc.

Par ces coups d'audace successifs toujours heureux, le Dôc-Ngû avait vivement frappé l'imagination populaire et même, on peut le dire, surexcité l'amour-propre des Annamites, fiers de voir qu'ils pouvaient résister aux occidentaux sans le secours des Pavillons Noirs. Le nom de ce rebelle, hier encore vulgaire *nhà quê* (homme du peuple), devenait un signal de ralliement et, comme un clairon, sonnait la charge contre l'envahisseur.

La situation était très grave. On finit par s'en apercevoir en haut lieu, et l'autorité supérieure confia la direction de la province de Son-Tây à un homme de grande valeur, M. Bès d'Albaret, ancien officier d'infanterie de marine et longtemps

Village et rizières de la haute région.

administrateur des affaires indigènes dans notre colonie de Cochinchine. Si le Tonkin avait eu seulement une dizaine d'hommes comme lui, à la fois intelligents, énergiques et honnêtes, ce pays si troublé et tant décrié serait devenu, en quelques années, la plus belle et la plus riche des colonies françaises.

Bientôt, la milice solidement réorganisée reprit la campagne, en même temps qu'une forte colonne militaire sortait de Son-Tây pour se mettre à la poursuite du Dôc-Ngû, qu'on espérait cette fois complètement anéantir. L'artillerie fut de la fête et canonna plusieurs positions que l'on croyait occupées par l'ennemi. Ce qu'on appelle l'effet *moral* produit fut assez comique. Le héros de Cervantès se battait contre des moulins à vent: on crut se battre contre des tigres. Si l'imagerie d'Épinal n'a pas vulgarisé cet épisode de la guerre du Tonkin, nous avons eu tout au moins sous les yeux, au cercle militaire de Son-Tây, une gravure à grand effet, de je ne sais plus quel journal illustré, représentant une batterie d'artillerie attaquée par une bande de fauves, au clair de la lune. C'était saisissant, palpitant.

Le Dôc-Ngû, lui, ne tirait pas sa poudre aux moineaux, ni aux chats. Voyant qu'on songeait sérieusement à s'occuper de lui, il prit le parti de temporiser, et, de son repaire dans la montagne, il appela à lui le ban et l'arrière-ban des derniers partisans du roi Hàm-Nghi.

Le rebelle annamite n'avait qu'à frapper la terre du pied pour en faire surgir des légions de pirates. Les prisonniers eux-mêmes répondirent à son appel.

Le 14 octobre, à la tombée de la nuit, une révolte éclata dans la prison de Hung-Hóa. Des pirates soumissionnaires, qui avaient espéré conserver la liberté avec la vie sauve, formaient la plus grande partie des détenus. A l'heure du repas, mécontents de l'ordinaire, ils obéissent à un signal convenu, brisent les chaînes les uns des autres et bondissent sur les gardiens, qui sont facilement tenus en respect pendant que le ratelier d'armes est dévalisé.

Alors tous ces *bravi*, baïonnette au canon, se frayent un passage à travers les représentants civils du protectorat, qui accourent en toute hâte, le résident en tête, sa cravache à la

Miliciens formant la haie pour une exécution de pirates.

main. On se bat corps à corps dans les rues étroites qui avoisinent la résidence et jusque dans les fossés de la citadelle. Les miliciens furieux ne font aucun quartier. Vingt et un pirates sont tués: affreuse boucherie qui, il faut le reconnaître, n'était pas le massacre des innocents.

Treize brigands parviennent à s'évader à la faveur des ténèbres. Presque tous étaient d'anciens clients du P. Khanh, c'est-à-dire des gens qui avaient mis bas les armes, grâce à l'influence de ce prêtre indigène, après sa délivrance, comme je l'ai conté plus haut. La reconnaissance qu'ils nous en conservaient n'était rien moins que sûre, car ils se figuraient qu'on leur avait manqué de parole. Le coin de pays qu'on appelle la *boucle* de Thu-Mi, de Cô-Tuyêt au Sông-Búà, devint le refuge de tous ces bandits, et ce ne fut pas un voisinage bien agréable pour Dúc-Phong où ils tentèrent plus d'une fois de faire une visite.

Puisque nous en sommes à parler évasion, constatons une fois de plus, par deux consolantes anecdotes, que les portes de la miséricorde divine s'ouvrent toujours à deux battants pour les pécheurs contrits et humiliés. A Hung-Hóa, M. B... me donnait l'autorisation de visiter les prisonniers malades et à plus forte raison les condamnés à mort.

Un jour, prévenu qu'une exécution capitale allait avoir lieu, je me rendis à la prison et demandai à causer un instant avec le malheureux que le bourreau s'apprêtait à faire passer de vie à trépas. Le gouverneur annamite voulut assister à l'entrevue, et comme sa curiosité ne me gênait pas du tout, je lui fournis de bonne grâce l'occasion d'entendre une leçon de catéchisme sur les fins dernières. Le condamné à mort, saisi par la grâce à la pensée du jugement, du paradis et de l'enfer, se convertit et demanda le baptême. Mais le mandarin, m'entendant parler de la justice, de la chasteté et du jugement dernier, fit comme Félix avec saint Paul: il leva la séance et s'en alla au diable. Le royaume des cieux n'est pas fait pour cette race de vipères.

Parmi les malheureux que j'ai baptisés *in articulo mortis*, deux surtout m'ont vivement émotionné. C'étaient deux notables muongs qui avaient profité des troubles du pays pour détruire les titres de propriété de leur commune et assassiner un rival qui les gênait. Étendus par terre, les fers aux pieds, ces païens écoutaient attentivement mon instruction suprême. Et moi, accroupi auprès d'eux, je cherchais à lire dans leurs yeux, sur leur physionomie, les sentiments que mes paroles produisaient dans leur âme. L'un d'eux, celui qui avait l'air le

plus intelligent, c'était aussi le plus coupable, m'arrêta :
« Pardon, Père, je vous en prie. Dans votre religion, est-il permis de croire que les âmes des morts peuvent revoir leurs parents et les lieux qu'elles ont habités en ce monde ? »

— Certainement, répondis-je, l'âme délivrée du corps est plus libre après la mort qu'avant; et, pour moi, qui depuis de longues années suis en Annam pour prêcher la religion du Seigneur du ciel, j'espère bien qu'après ma mort mon âme libre comme l'oiseau s'envolera pour aller revoir mon pays et mes parents.

— Puisqu'il en est ainsi, dit-il, j'admets tout le reste, baptisez-moi. »

En général, les Annamites acceptent la mort avec un stoïcisme qui frappe les Européens. La mort pour eux n'est qu'un passage. Où vont-ils? qu'est-ce que l'au-delà ? Ils ne s'en rendent pas bien compte; mais la survivance de l'âme, le châtiment des méchants et la récompense des justes sont des croyances populaires qui surnagent au milieu d'un déluge de superstitions.

XVIII

Le maire et la nouvelle chrétienté de Phú-Lô.—Quelques types influents : Nguyên-Tiên. — Ba-Hai. — Quan-Zinh et Dóc-Ruc. — Joli début de M. W... à Hung-Hóa.

Lors de l'incendie de la prison de Son-Tây par le Dôc-Ngû, le maire de Phú-Lô, commune voisine de Tiên-Kiêng, qui était détenu sur de fausses accusations, ne voulut pas profiter de la liberté si tragiquement recouvrée. D'après la loi annamite, tout prisonnier évadé, s'il est repris, est *ipso facto* condamné à mort, tandis que celui qui, en pareil cas, reste tranquillement à la disposition de la justice a des chances de voir diminuer sa peine et même d'obtenir sa grâce. C'est ce qui arriva pour le maire en question : le résident le fit remettre en liberté, après lui avoir délivré un certificat favorable. Mais, en passant à Minh-Nông pour rentrer chez lui, notre libéré tomba entre les mains de bandits qui le dépouillèrent de son précieux papier, la seule fortune qu'il eût sur lui. Ce maire, qui n'était pas un imbécile, se garda bien de promettre des piastres pour racheter son certificat : il vint me trouver à Dúc-Phong et me fit une proposition qui me combla de joie :

« J'en ai assez de Boudha, me dit-il : les temps sont durs, les pauvres gens ne savent plus à qui se fier. Si le Père daigne m'accepter pour client, je me fais chrétien avec ma famille. Tout ce que je vous demande, c'est de vouloir bien me donner un mot de recommandation pour que je puisse obtenir du résident un nouveau sauf-conduit. Sans cela, je suis perdu; car, après le changement du résident actuel, le conseiller Nguyên-Tiên, qui m'a déjà fait emprisonner pour pouvoir mettre la main sur les champs de mon village, m'accusera de nouveau sous un faux prétexte, et cette fois trouvera moyen de me faire couper le cou. »

Reconnaissant le bien fondé de cette nouvelle requête, je rendis volontiers au maire de Phú-Lô le petit service qu'il me demandait, et, à ma prière, M. Bès d'Albaret délivra tout de suite le papier officiel désiré. Le maire de Phú-Lô tint parole, et j'envoyai sans retard dans son village un catéchiste qui commença l'instruction religieuse des gens de bonne volonté. La grâce de Dieu aidant, tout alla bien, et, trois ou quatre mois plus tard, j'eus la consolation de baptiser à Phú-Lô une trentaine de catéchumènes instruits et fervents qui formèrent la chrétienté de Saint-Michel.

Je profite de l'occasion pour faire remarquer que toutes les fois qu'un missionnaire a eu affaire à un résident bienveillant et intelligent, le peuple opprimé s'est, immédiatement et naturellement, rapproché de la religion catholique et de l'idée française. La religion de Jésus-Christ ne s'établit pas à coups de privilèges et de dragonades, nous le savons aussi bien et même mieux que personne; mais si les représentants de la France en Indo-Chine avaient seulement manifesté le désir de voir le peuple annamite embrasser la religion de la majorité des Français, il y aurait aujourd'hui de Saïgon à Lao-Kay, au bas mot, sept à huit millions de chrétiens dévoués à notre drapeau : l'idée et non la force rendrait la France maîtresse incontestée, effective, sur les rives du Mékong et du fleuve Rouge. Cette vérité, qui crève les yeux même de nos ennemis, doit faire mal au cœur à tous les patriotes qui placent encore l'honneur et les vrais intérêts de la France au-dessus de l'esprit de secte. Mais il s'agit bien de cela!

Revenons à nos moutons. Quel est donc ce fameux Nguyên-

Tiên, dont la crainte devint pour les gens de Phú-Lô le commencement de la sagesse ? Ce personnage avait exercé pendant quelque temps les fonctions de préfet intérimaire dans son propre pays. Dévoré d'ambition, mais étranglé par l'avarice, il ne tenait pas au titre de prophète, mais voulait être le maître de tout le territoire. *Beati possidentes !* Les circonstances le servirent d'abord à souhait. Pendant les troubles qui suivirent l'arrivée des Français, Nguyên-Tiên avait envoyé *ad patres* un bachelier dont la présence en ce monde contrariait ses desseins. La vieille mère de ce lettré avait suivi le même chemin que son fils.

Sans s'arrêter aux questions de détail, Nguyên-Tiên invoqua le bénéfice des circonstances atténuantes : il prétendit que son ennemi avait profané le tombeau de ses ancêtres, et que ses domestiques, trop zélés, avaient outrepassé ses ordres en massacrant la mère du bachelier « qui, du reste, était très vieille ». La main sur la conscience, Nguyên-Tiên se jugeait parfait honnête homme.

Il fut cependant arrêté et attendait son jugement dans les prisons de Hanoï, quand le service des renseignements à l'état-major du général en chef eut besoin d'un agent habile pour faire espionner les bandes chinoises, qui tenaient encore la campagne dans la haute région, entre Bao-Hà et la frontière du Yunnan. Le gouverneur annamite ne laissa pas échapper cette occasion de servir la France, en tendant cette planche de salut à Nguyên-Tiên, qui, en y mettant le prix, manqua la potence ou plutôt à qui la potence manqua.

Voilà notre homme bombardé agent de renseignements, ce qui lui permit de revenir dans son pays natal en se décorant lui-même du titre de membre du Conseil secret. Nguyên-Tiên dut une fois ou l'autre rendre quelques services, car sa *boîte à bétel* est bourrée de certificats élogieux.

Croyant n'avoir plus rien à redouter désormais, il se remit à pressurer ses concitoyens d'une façon distinguée. Nul mieux

Poste de Bao-Ha sur le fleuve Rouge.

que lui ne connaissait l'arpentage et la délimitation des propriétés de ses voisins à cinq lieues à la ronde.

Nguyên-Tiên avait toutes les audaces : son fils aîné faisait ses premières armes chez les pirates, il m'offrit le cadet pour enfant de chœur, voyez comme les boudhistes ont l'esprit large! — mais je n'osai prendre la responsabilité d'ouvrir les portes du temple à ce jeune Éliacin.

Le vieux papa continuait à venir me voir à Baû-No de temps en temps, quand ça tournait mal, et je ne pouvais passer à Xuân-Lûng sans qu'il se précipitât dans les jambes de mon cheval pour me présenter ses salutations respectueuses.

Les règles de l'étiquette ou de la diplomatie me firent même accepter une ou deux fois le thé chez lui. En pareil cas, celui qui est au courant des usages annamites laisse toujours l'amphitryon tremper le premier les lèvres dans le breuvage doré et, avec un geste engageant, un sourire aimable, murmure poliment :

« Bâm, Không Zâm... (Après vous, monsieur, je n'en ferai rien). »

En langage de cour : « Gare aux tasses! » Tellement les bouillons de onze heures sont entrés dans les mœurs.

Malgré mes bonnes manières, cet excellent Nguyên-Tiên finit par se défier de moi, croyant que je l'avais privé de l'appui moral qui lui était nécessaire pour se faire nommer préfet de Lâm-Thao.

Son crédit baissait; Nguyên-Tiên voulut le relever par un coup de maître. Il signala une bande de pirates dont le chef devait s'être évadé de la prison de Son-Tây. Nguyên-Tiên dirigea donc une reconnaissance de ce côté, coupa une tête qu'il fit livrer à la résidence de Son-Tây comme étant celle du *dôi* X...

Quelle ne fut pas sa stupéfaction quand le résident le confronta avec le dôi X... bien vivant, en chair et en os, avec la

..., mis aux fers et à la cangue ... de la citadelle, n'avait nullement ... Quelle confiance pouvait-on avoir désor... ...gnements de ce fameux agent secret ? ... ouvrir les yeux et, sans que j'y fusse pour quel-

Pirates chinois venus en parlementaires à Bao-Ha.

que chose, Nguyên-Tiên, accusé par ses concitoyens, vit ses biens mis sous séquestre et fut frappé d'une interdiction de séjour dans la province de Hung-Hóa à laquelle a été rattachée la préfecture de Lâm-Thao.

Je souhaite à ce vieux malin la grâce de se repentir et de se convertir à temps, s'il ne veut pas rendre son âme au diable, comme un de ses camarades, le *ba hó* (baronnet) Hai, qui mérite bien, lui aussi, sa petite mention dans mes souvenirs ... Qu'on en juge.

Ba-Hai, ancien chef de canton, habitait Bao-Huû, non loin de Phû-Doan. Cet homme audacieux et cruel n'y allait pas par quatre chemins : à coups de sabre il avait imposé son autorité tout autour de lui, dans un temps de troubles où chaque chef de canton devenait une sorte de seigneur féodal indépendant du sous-préfet. Quelle pomme d'or la discorde avait-elle jetée au milieu des quatre ou cinq brigands de marque qui se disputaient la suprématie dans la région de la Dât-Giuâ? Peu importe, le fait est que ces gaillards-là se battirent comme des centaures, trouvant encore quelque chose à piller, quelqu'un à tuer, après le passage des Pavillons-Noirs et des Pavillons-Jaunes. Ba-Hai victorieux étendit le corps d'un de ses rivaux sur un étal de boucher, en plein marché de Phú-Tho, le coupa en morceaux et envoya une part de ce présent macabre à chaque commune du canton.

Cet exploit rendit Ba-Hai la terreur des environs : retiré dans ses terres comme un bon gentilhomme campagnard, notre baronnet mena joyeuse vie. De temps en temps, pour se procurer de l'argent, il pillait quelques maisons, enlevait des femmes et des enfants. C'est à la suite de peccadilles de ce genre que j'eus affaire avec ce personnage dangereux.

La femme d'un *cai tông* (chef de canton), nommé Duong, vint bien des fois me supplier de lui faire rendre justice contre Ba-Hai, l'assassin de son mari. Mais, au Tonkin, dame Thémis, aveugle sur les brigandages des puissants, est sourde aux plaintes du pauvre peuple.

La veuve de Cai-Duong ne gagna son procès qu'auprès du bon Dieu, qui lui accorda la grâce du baptême ainsi qu'à sa petite fille. Dans la suite, Ba-Hai se permit encore la fantaisie de faire disparaître un jeune chrétien que sa famille dut racheter moyennant une forte somme. Pour obvier à tous ces dangers qui menaçaient la vie et la tranquillité de nos chrétiens, je fus obligé de dénoncer Ba-Hai à M. Beauchamp, résident de la province de Son-Tây, administrateur énergique et bien disposé pour la Mission. Mais Ba-Hai eut vent de la chose et, au moment où il allait être cerné par les miliciens, il passa la rivière Claire et vint se jeter aux pieds du curé de Vân-Cuông, paroisse du vicariat septentrional.

Ce prêtre indigène, pour empêcher Ba-Hai de reprendre la brousse, me pria de vouloir bien le recommander à la clémence du résident. M. Beauchamp comprit parfaitement les raisons que je lui exposai et promit à Ba-Hai la vie sauve et la liberté à la condition qu'il viendrait se livrer lui-même à la résidence.

Le vieux brigand consentit à se faire ermite et vint demander l'*aman* à Son-Tây. M. Beauchamp lui déclara catégoriquement que si, pour cette fois, il lui laissait la tête sur le cou, au premier méfait il la ferait tomber. Ba-Hai se le tint pour dit et rentra chez lui, tellement effrayé (car il était aussi lâche que cruel) qu'il en fit une maladie et en mourut, rendant ainsi un signalé service à la société.

Il est impossible que le Quan-Zinh de Bao-Yên ne trouve pas sa place dans ce chapitre, pâle ébauche des différents genres de pirates tonkinois. La galerie complète en serait fort longue. Encore celui-ci, je vous prie, d'autant plus que nous l'avons déjà aperçu, lors de notre première visite à Hoàng-Xà, en compagnie du P. A. Robert.

Jeune et bien fait de sa personne, il avait préféré de bonne heure au dur métier de pirate le rôle plus commode et plus avantageux de chef de partisans au service de la France. Il profita habilement de sa nouvelle situation et acquit une réelle influence dans les environs de Bao-Yên. Tout d'abord il se montra reconnaissant, c'est-à-dire respectueux à l'égard du P. Khanh qui lui avait servi d'intermédiaire pour négocier sa soumission avec le lieutenant Humbert, commandant du poste de La-Phu (1886). Mais peu à peu notre soumissionnaire, poussé par sa mère, vieille mégère ambitieuse et rusée, voulut se mettre hors de page et voler de ses propres ailes. Pendant trois ou quatre ans, les choses allèrent de mal en pis et les différents chefs de poste qui passèrent à Bao-Yên, officiers et gardes principaux, eurent tous plus ou mois à se plaindre de ses fredaines et de ses exactions. Il se permettait plus d'un tour de passe-passe dont ses compatriotes et victimes n'osaient pas se plaindre et, quand il avait laissé percer le bout de l'oreille, il savait pallier le mauvais effet produit en rendant quelques services au poste.

Quan-Zinh menait assez grand train, partisan qu'il était de la bonne chère, de l'opium et des chanteuses : les pauvres diables payaient les frais de la fête. Se voyant impuni, notre homme finit par croire qu'on avait besoin de lui : il devint exigeant, mauvaise tête, arrogant. M. B..., résident de Hung-Hóa, le rappela à l'ordre. Mais la jalousie acheva de le faire mal tourner. Le P. Khanh venait encore de procurer la soumission d'un petit chef rebelle, le Dôc-Ruc. Furieux de voir ce nouveau venu le supplanter dans la confiance du garde principal, Quan-Zinh fit des démarches pour rentrer en grâce auprès du Dôc-Ngû. Mais quand M. B... fut remplacé à Hung-Hóa par un vice-résident sectaire, qui afficha son antipathie pour le missionnaire catholique, Quan-Zinh se reprit à espérer et fabriqua une lettre, destinée à prouver la complicité de Dôc-Ruc, son rival, avec les rebelles. La trame était cousue avec du gros fil blanc ; mais le nouveau résident crut jouer un bon tour aux curés en faisant condamner à l'exil le Dôc-Ruc, qui n'avait cependant pas bougé depuis sa soumission. Pour son coup d'essai, M. W... n'eut pas la main heureuse. A Hai-Phong, sur le bateau qui devait le transporter en Nouvelle-Calédonie ou à Poulo-Condor, le Dôc-Ruc se jeta à la mer et regagna le rivage, d'où il ne fit qu'un saut dans le maquis. L'autorité supérieure mieux informée envoya Quan-Zinh à Poulo-Condor, à la place de Dôc-Ruc qui reprenait son rang dans les bandes rebelles. Joli début pour la politique anticléricale que M. W.. venait inaugurer à Hung-Hóa !

XIX

Fête de Noël 1890 à Du-Bô. — Sac de Cho-Bô et massacre de M. Rougery. — Succès de nos troupes à Xóm-Gion. — Alerte de Baû-No. — Complot contre le missionnaire.

Pour reprendre date et suivre plus facilement le cours des événements, retrouvons-nous à Du-Bô le jour de Noël 1890.

Le capitaine Lassalle et le sous-lieutenant Mâss du poste de Câm-Khé, ainsi que le lieutenant Solmon du poste de Vân-Bàn, viennent assister à la grand'messe en ce beau jour de fête et me font le plaisir d'accepter à déjeuner à la cure. Comme d'habitude en pareil cas, ces messieurs avaient apporté le pain et le vin.

J'avais connu le capitaine Lassalle jeune sous-lieutenant à Nam-Dinh, en 1883. En nous revoyant, à sept grandes années de distance, vieillis de figure plus que de caractère, nous avions beaucoup de souvenirs du temps passé à nous communiquer, les uns gais, les autres tristes. La note mélancolique dominait, car nous évoquions les noms d'amis qui n'étaient plus : le capitaine Jeannin tué à Bac-Lé, le lieutenant Jéhenne blessé à Son-Tây et mort du choléra à Formose, le colonel Brionval, brusquement emporté par un accès pernicieux, etc., etc.

Notre conversation roulait sur ce sujet plutôt triste, quand un courrier de Câm-Khé nous apprit une nouvelle qui n'était pas de nature à ramener la gaieté. Le garde principal Charnaux, notre voisin du poste de Phong-Vuc, venait d'être massacré avec une douzaine de ses miliciens. Trois semaines auparavant, j'avais vu cet excellent garçon, un compatriote jurassien. Aussi bon fils que brave soldat, ce sous-officier, très estimé de ses chefs, avait demandé et obtenu un emploi dans la milice pour avoir une solde supérieure qui lui permît de venir en aide à sa famille. Lors de mon passage à Phong-Vuc, il m'avait montré une lettre bien touchante de son frère aîné qui, au nom des vieux parents, remerciait leur cher François, fidèle à tous ses devoirs de fils chrétien.

« Pour Noël, je tâcherai d'aller à la messe à Du-Bô, » m'avait dit Charnaux en me serrant la main, et voilà que, dans cette même nuit de Noël, gage de paix et de bonheur pour tout le genre humain, mon pauvre ami, trompé par un traître, s'était laissé attirer dans un guet-apens, au village de Dông-Ngoc. Au lieu de surprendre une bande de pirates endormis, il était tombé sous les coups d'ennemis nombreux qui l'attendaient au passage. Son corps fut rapporté à Hung-Hóa, où j'ai béni sa tombe, en prenant bien part au deuil de la famille, qui, là-bas dans le Jura, pleure un fils, un frère si dévoué.

Le commencement de l'année 1891 devait être marqué par un des plus tragiques événements qui aient consterné le Tonkin. Traqué dans les provinces de Son-Tây et de Hung-Hóa, le Dôc-Ngû s'était retiré du côté de Yên-Lang, sur la rive gauche de la rivière Noire, à cinq ou six kilomètres dans l'intérieur.

Il pouvait disposer de sept à huit cents fusils, et cette force était plus que suffisante pour qu'il fût en mesure d'imposer sa volonté aux pays muongs. En attendant qu'on songeât de nouveau à le poursuivre, le chef rebelle se tenait prêt à tourner son drapeau noir du côté où soufflerait le vent.

Le vent souffla du côté de Cho-Bô, chef-lieu de la province muong, à la tête de laquelle se trouvait, comme vice-résident, un ancien capitaine d'artillerie de marine, M. Rougery. Le gouverneur indigène sous ses ordres, Dinh-Vân-Vinh, avait le grand tort d'être le successeur de son ennemi personnel, Dinh-

Une halte dans la brousse.

Thô, qui, furieux de se voir supplanté, appela le Dôc-Ngû à la rescousse. Celui-ci ne se fit pas prier.

Jamais les circonstances ne lui avaient été plus favorables. La milice de Cho-Bô, d'un effectif beaucoup trop restreint, se plaignait, paraît-il, de mauvais traitements de plus d'une sorte. M. Rougery ne voulait pas croire au danger. Un de mes confrères, le P. Brisson, missionnaire du district de Lac-Thô, l'avait prévenu qu'un complot terrible se tramait. Dinh-Vân-Vinh lui-même, qui sentait venir l'orage, le supplia de prendre ses précautions; mais le résident continuait de faire la sourde oreille. Dans la nuit du 28 au 29 janvier, les soldats du Dôc-Ngû se ruent sur Cho-Bô comme une trombe; M. Rougery est massacré sans pouvoir se défendre et les flammes dévorent tout ce que les pillards ne peuvent emporter.

Sans vouloir rechercher les causes multiples, d'ordre général et d'ordre privé, qui amenèrent cette catastrophe, on ne peut que déplorer le malheureux sort de l'infortuné M. Rougery. Ses restes furent inhumés à Viêt-Tri, où, deux ans après, on lui éleva un modeste monument, dont je fis la bénédiction en présence des autorités civiles et militaires réunies pour rendre un dernier hommage à la mémoire de ce résident français, mort à son poste.

Il fallait à tout prix venger le sanglant échec que le Dôc-Ngû venait d'infliger à notre prestige. On résolut de frapper un coup décisif: une sérieuse colonne de guerre fut organisée... dans le plus grand secret; ce qui n'empêcha pas les Annamites de m'apprendre que la colonne se composerait de trois groupes sous les ordres de trois commandants, le premier de Son-Tây, le deuxième de Hung-Hóa, et le troisième de Son-La. (Authentique.)

Le commandant Bergounioux fut renversé quand je le prévins que le plan était éventé. Le Dôc-Ngû avait des agents de renseignements dans tous les couloirs et toutes les coulisses.

Il osa cette fois attendre de pied ferme derrière ses retranchements de Xom-Gion les troupes européennes (avril 1891).

Un sous-préfet et sa suite.

Elles étaient guidées par un mandarin, qui trouva moyen de les conduire trop habilement jusque sous les fusils des rebelles avant qu'on se fût aperçu de la présence de ceux-ci. Nos braves soldats mangeaient la soupe quand, du haut des crêtes, le Dôc-Ngû commença à les canarder. On se battit pendant huit heures consécutives, et ce n'est qu'après les plus grands efforts et des prodiges de valeur extraordinaires que les positions rebelles furent enlevées d'assaut par nos troupes vaillantes. Le Dôc-Ngû dut laisser ses morts sur le champ de bataille.

Nos pertes furent relativement sensibles; mais, cette fois-ci du moins, le succès de nos armes ébranla fortement la fortune du Dôc-Ngû. On installa à Yen-Lang un poste de tirailleurs, prédestiné, hélas! au même sort que Cho-Bô; nous le verrons dans la suite.

Pour le moment, le pays n'est plus hanté par le spectre du Dôc-Ngû qui va rester quelques mois sans faire parler de lui. Mais, personnellement, j'aurai encore assez de fil à retordre. Un nouveau gouverneur annamite, qui venait d'arriver à Hung-Hóa, ne portait pas les chrétiens dans son cœur. Favori du vice-roi, il n'avait pas besoin de titres littéraires pour s'élever aux plus hauts grades. Dans l'intérêt de mes chrétiens, j'avais tout à gagner à vivre en bonne harmonie avec l'autorité indigène; je fis donc une visite au grand mandarin, qui me reçut avec une morgue distinguée. Il me prit pour un bonze, sans doute. Mais avec mes ennemis, si je ne mets pas de gants, je fais cependant assez de cérémonies quand j'en ai le temps... « Qui êtes-vous, d'où venez-vous, que voulez-vous? » A toutes ces questions posées d'un ton hautain, je répondis sans sourciller; et quand je pris congé de lui le gouverneur, suffisamment édifié sur mon état civil, savait que j'ai fait mes classes :

Je crains Dieu, mandarin, et n'ai point d'autre crainte.

Fais ce que dois, advienne que pourra. Bien entendu, je m'étais déjà mis en règle, en allant présenter mes devoirs au résident nouvellement arrivé dans la province, tenant à bien montrer que les missionnaires des bords du fleuve Rouge sont des Français qui, eux, ne viennent pas des bords du Danube ou du Jourdain. Dès la première entrevue, M. Wulfing m'avait parfaitement laissé voir que, si je voulais bien m'y prêter, il pratiquerait avec moi la fameuse maxime : « Se servir des missionnaires, mais ne pas les servir. »

Me voilà dans une mauvaise situation avec le sous-préfet de Tam-Nông qui, profitant habilement des circonstances, vient de négocier l'élargissement du Dôi-Tô, l'ancien maire pirate de Hiên-Quan que M. B..... avait condamné à la prison. Cet individu dangereux prépare tout pour assouvir sa vengeance; je m'en doute bien.

Cependant, me fiant uniquement à Dieu, je passais le carême de 1891 à Baû-No, quand, vers le milieu du mois de mars, ce village fut attaqué pendant la nuit par une bande de pillards : coups de fusil, incendie, trente buffles enlevés, un catéchiste grièvement blessé. Couché à plat ventre dans le jardin, j'étais en bonne posture pour cracher quelques balles à la figure des importuns qui se présenteraient; mais les brigands disparurent avec leur butin.

A Viêt-Tri, le commandant Baudard, de la légion étrangère, à qui je rendis compte de cet incident, eut la bienveillance de me prêter quelques vieux fusils pour mettre mes gens en état de se défendre. Peu à peu le calme s'étant rétabli, j'allai après Pâques donner la Mission à la petite chrétienté de Gia-Huong, et, le 12 mai, bien à contre-cœur, je dus changer encore de garnison pour venir à Hiên-Quan où, depuis le retour du Dôi-Tô dans ses foyers, les chrétiens subissaient des vexations continuelles : on voulait me pousser à bout et me chercher une querelle d'Annamite, pour se débarrasser plus facilement des réclamations que j'avais dû adresser au mandarin de la justice. Le sous-préfet avait, en effet, jeté en prison un vieillard, nommé Truong-Ngâi, et un jeune homme nommé Vinh, tous deux excellents chrétiens, gens simples et inoffensifs, sous prétexte de complicité avec les pirates. Le haut magistrat, sous les yeux de qui j'avais mis les preuves de l'innocence de mes deux chrétiens, m'avait promis une prompte et équitable solution de cette affaire, car, indigné de ce qui se passait, je m'étais laissé aller à dire devant lui :

« On me tuera; mais je ne céderai pas!

— Qui oserait? » avait-il glapi, en esquissant un doux sourire.

Pour compliquer encore la situation, les bouddhistes de Hiên-Quan poursuivaient à la ville une accusation contre leur chef de canton, créature du sous-préfet, qui, paraît-il, entretenait des relations avec les rebelles. Le lieutenant Lahire, commandant du poste de Ngoc-Tháp, était convaincu de la culpabilité de ce chef de canton. Malgré les supplications des notables bouddhistes qui, au nombre de vingt-cinq ou trente, vinrent me prier de les aider auprès du résident, il me fut impossible de me mêler de cette affaire purement civile.

J'envoyai mon catéchiste Vân-Bât à la ville pour essayer encore une fois de faire de la conciliation avec le sous-préfet; il revint en me disant :

« Les mandarins maintenant prétendent qu'ils n'y peuvent rien. Tout le monde à la résidence est hostile aux catholiques. Ça tournera mal pour nous, Père. »

A Ngoc-Tháp, le lieutenant était du même avis:

« Gare à vous, Père : ces gens-là vous joueront un vilain tour!

— Peut-être, mais à la garde de Dieu! En tout cas, inutile de venir à mon secours; les brigands ne vous en laisseront pas le temps et vous auriez deux ou trois hommes tués en traversant le fleuve. »

Ngoc-Tháp est sur la rive gauche; Hiên-Quan sur la rive droite.

Depuis une douzaine de jours, au milieu de ces sinistres pressentiments, j'étais donc à Hiên-Quan, faisant mes efforts pour arriver à confesser tout le monde, environ cinq cents personnes réparties en trois hameaux, ou *xom*.

Dans la nuit du 22 au 23 mai, vers les dix heures, j'entends quelques coups de fusil du côté de Xom-Lûng, qui se trouve dans l'intérieur, à trois quarts d'heure de Xom-Bâi, sur le bord du fleuve, où j'étais installé.

Je dresse les oreilles et me tiens sur mes gardes; mais

Un village sur la rivière Noire.

bientôt on vient me prévenir que les pirates sont partis après avoir pillé quelques maisons chrétiennes.

Rien d'extraordinaire. Je me couche tranquillement, ayant à côté de mon oreiller en rotin mon cruxifix, mon chapelet, une statuette de la Vierge en ivoire, souvenir de ma mère,... et (ainsi que je le pratiquais depuis longtemps) mon revolver chargé. Le fusil de chasse et la carabine Winchester sont suspendus à portée de la main.

Quand je dors, je dors bien et ne rêve pas souvent aux pirates. Je ne m'étais jamais vu, même en songe, saisi à la gorge par les brigands et obligé de rendre les armes, la bourse et la vie. Mais quelquefois il m'est arrivé de rêver que je ne trouvais pas mon fusil, mes cartouches, et de faire des ratés désolants. Le reste de la nuit du 22 au 23 fut donc calme.

Le lendemain, les victimes du brigandage viennent me conter leurs misères : buffles, porcs, poulets, ustensiles de cuisine et ligatures, tout a été ramassé. Cependant ces bons brigands n'ont tué personne. On les a même entendus crier pleins de respect :

« Nous n'en voulons ni à la religion, ni au curé ! »

Rien qu'aux biens de la terre ! Que voulez-vous ? ces gens-là ne connaissent pas le septième commandement de Dieu.

S'applaudissant de leur bon coup, les pirates ont repris le chemin de Huong-Nha. Je ne peux donner à mes pauvres chrétiens que des consolations surnaturelles, puisque la justice de ce monde n'existe plus en ce pays. Du reste où est-elle maintenant ici-bas ? Quelle vaste flibusterie que la machine ronde... moderne !...

XX

Une attaque de brigands. — Le missionnaire échappe comme miraculeusement à la mort. — Massacre dans l'église de Hiên-Quan.

Le 23 mai 1891, veille de la fête de la sainte Trinité et dernier jour du temps pascal, presque toute ma journée fut employée à entendre les confessions. Vers cinq heures du soir, je reçus une lettre de France dans laquelle ma sœur me disait:

« Combien de fois, mon cher frère, notre pensée va te trouver au milieu de tes tracas ! que nous voudrions savoir ce pauvre Tonkin tranquille, afin que tu puisses en paix amener des âmes à notre sainte religion... Mais le bon Dieu est le maître, et nous devons nous soumettre, quoi qu'il puisse nous en coûter. Il saura trouver sa gloire dans les épreuves qu'il fait traverser à ces nouvelles chrétientés ! »

Ces quelques lignes furent, ce jour-là, avec deux ou trois pages d'Henri Lasserre sur les miracles de Notre-Dame de Lourdes, toute ma lecture spirituelle...

J'appelai mon petit domestique Ngân :

« La soupe vivement ! » lui dis-je, et, après avoir expédié mon maigre dîner, je bourrai ma pipe et pris mon fusil de chasse pour aller chercher un pigeon ramier destiné au pot-au-feu du lendemain dimanche. Mais pas de chance ; les oiseaux s'envolèrent avant que je fusse arrivé à portée. Bredouille, mais pas de mauvaise humeur, je regagnai la maison.

La journée avait été très dure, car au Tonkin les premières chaleurs du mois de mai sont intolérables. Cependant il faut se remettre au confessionnal. Beaucoup de nos chrétiens, occupés tout le jour aux travaux des champs, ne peuvent guère venir se confesser que le soir ; et, quand on donne la mission, le prêtre reste ordinairement au saint tribunal jusqu'à la fin des prières publiques récitées à l'église, c'est-à-dire jusque vers dix heures du soir en été.

J'endossai donc ma soutane annamiteet, mon crucifix à la main, mon chapelet au cou, je m'assis au confessionnal, un grillage installé à l'une des fenêtres de ma chambre. Les pénitents se tiennent au dehors sous la véranda. Je dois avouer, et ce sans avoir à redouter les foudres de la Sacrée Congrégation des Rites, que bien souvent je portais au confessionnal mon revolver chargé, non pour inspirer une crainte peu surnaturelle à mes pénitents, mais pour ne pas me laisser pincer par les pirates, qui eux, les gredins, connaissaient bien nos heures. Ce soir-là, je laissai mon revolver sur mon lit, dans un coin, au fond de la chambre, et confessai mes gens sans penser à ce qui allait arriver, tranquille plus que jamais.

Vers les dix heures et demie, heureux d'avoir fini, je sors devant ma porte pour prendre l'air, tout en m'associant de cœur aux chrétiens qui achèvent à l'église les exercices du mois de Marie. Le ciel était d'une admirable limpidité et il faisait un clair de lune magnifique. Je lève les yeux vers la belle voûte étoilée et fais le signe de la croix pour commencer mon chapelet... Pan !... Un coup de pistolet, tiré près de moi, me fait tressaillir. Autour de l'église quelques détonations répondent à ce signal. Je comprends que, cette fois, je suis perdu ; mais au lieu de fuir je me précipite dans ma chambre, n'ayant déjà plus ni soutane ni sandales. Sur mon lit de camp je saisis mon winchester, qui malheureusement n'est pas encore chargé (je l'avais nettoyé dans la journée)... Je me retourne brusquement.

Poste de Ngoc-Tháp, sur la rive gauche du fleuve Rouge.

Un brigand est là à ma porte; il me met en joue avec un gros pistolet de cavalerie. Le chien s'abat; mais le coup ne part pas. A mon tour je le menace de mon arme, il disparaît.

Sous la véranda des pas précipités, des chuchotements; on se presse contre le volet de la fenêtre derrière lequel j'étais accroupi, cherchant convulsivement ma cartouchière au milieu de mes livres épars. Un pirate passe à travers les fentes du volet son canon de fusil qu'il m'appuie contre la hanche : le coup de feu me brûle la figure; la balle, me frisant la cuisse gauche, pénètre avec un bruit sec dans une des colonnes de la maison. En même temps j'essuie deux ou trois autres coups de fusil qui passent devant moi comme de sinistres éclairs.

Je saute en l'air, en poussant un grand cri :

« Brigand, tu m'as manqué..., attends un peu, à mon tour! »

J'appelle aux armes et commande de charger les fusils, pensant que mes catéchistes ont eu le temps et la présence d'esprit de prendre ceux laissés à leur disposition dans la chambre voisine.

Mon domestique accourt: un brigand s'élance sur lui, le saisit par le bras et sous mes yeux lui décharge un coup de pistolet qui ne le tue pas raide. Debout sur mon lit de camp avec ma carabine sans cartouches, à la lumière de la lampe annamite qui éclaire tristement la chambre, je mets en joue l'assassin : « Misérable, tu es mort ! » Tournoyant sur lui-même avec rapidité, le brigand disparaît en criant à tue-tête:

« Il veut se battre, il veut se défendre ! »

La fusillade avait éclaté dans l'église. J'entends des hurlements de rage et des cris d'angoisse. Tout cela n'avait duré qu'une ou deux minutes... Un calme affreux succède. Enfin je tiens ma cartouchière que je me serre solidement autour des reins, et la carabine chargée à la main, le chapelet autour du cou, je ne fais ni une ni deux. Au nom du Père, du Fils et du Saint-Esprit, je bondis au milieu de la cour, préférant tomber sous les balles que d'être pris vivant. Je mets en joue du côté où l'on m'avait attaqué. Rien... personne... Mû par une *poussée* intérieure indéfinissable, je passe en courant devant la chambre de mes catéchistes, et reviens m'embusquer à l'abri d'un petit mur de terre sur lequel j'appuie ma carabine pour bien viser sans trembler.

Mais à ce moment, un brigand hurle un commandement qui me remet du sang dans les jambes. J'essaye de franchir la haie de l'enclos, mais vainement : les épines m'abîment les mains et les pieds ; on veut bien mourir, mais pas se piquer. J'en suis réduit à me cacher un instant derrière une fosse d'aisance. Instinctivement je sens que ce n'est pas là qu'il faut mourir, et suivi de deux gamins que j'avais trouvés blottis en cet endroit misérable, je cours l'espace de quinze à vingt mètres jusqu'à l'angle de la haie, où l'année précédente était pratiquée une petite porte donnant sur les champs ; mais dernièrement, pour faciliter la défense contre une invasion de brigands, on avait condamné ce passage en y entassant des fagots d'épines et de bambous secs. Nous arrivons à cette terrible passe. A ce moment la fusillade recommence plus nourrie. Ma maison doit être cernée et les brigands la criblent de balles, m'y croyant encore renfermé ; ou bien, avec mon habit blanc, je suis moi-même leur point de mire. Coûte que coûte, il faut passer ou mourir. Les deux gamins foncent dans les épines comme de petits sangliers ; je les suis de mon mieux, tout en me déchirant la peau. Mes larges habits annamites s'accrochent aux épines qui me retiennent prisonnier. Heureusement l'aîné des deux enfants, fort déjà pour son âge, m'aide à me tirer de ce guêpier. Nous roulons ensemble dans le fossé extérieur. Je trouve là un de mes catéchistes et un notable du village. Courbés en deux, nous courons de toutes nos forces, en suivant le lit d'un arroyo desséché, et nous tombons d'épuisement dans les rizières au milieu de la plaine.

La fusillade avait cessé. Grâce à Dieu, je me croyais sauvé. Mais on se figure dans quelles transes j'étais au sujet de mes trois autres catéchistes, de mon petit domestique et des chrétiens.

Étendu dans la rizière, prêtant l'oreille au moindre bruit, je voulais prier, dire mon chapelet, et ne pouvais que répéter machinalement : *Nunc et in hora mortis nostræ. Amen !* Mais je sentais que le bon Dieu, sans la permission de qui pas un cheveu ne tombe de notre tête, et Notre-Dame Auxiliatrice, dont c'était le lendemain la fête, veillaient sur moi avec mon bon ange gardien ; et cette protection spéciale, je la devais uniquement aux prières de ma mère, de mes sœurs et des âmes charitables qui intercèdent pour moi devant Dieu. Je serrais fortement mon chapelet et ma carabine, offrant à Dieu ma vie, mais bien décidé à la vendre cher aux premiers qui se présenteraient.

Un quart d'heure s'écoule. Triste comme un glas funèbre, un roulement de tam-tam retentit dans le silence de la nuit. Un coup de fusil y répond dans le lointain. J'appelle le chrétien couché à côté de moi dans la rizière : il était déjà parti aux renseignements. Il revient haletant, plus mort que vif :

« Père, Père, accourez...; il y a des morts et des blessés ! »

Je prends le pas de course. A la porte du village, les chrétiens qui me revoient poussent des exclamations de joie et de surprise, car on me croyait tombé mort ou vif entre les mains des pirates. A l'église, un spectacle lamentable se présente à mes yeux : en plusieurs endroits, des groupes de personnes en pleurs, hommes, femmes et enfants, entourent des morts et des blessés. Dans la cour, devant la maison, gisent deux de mes catéchistes, Vân-Bât et Chú-Náng, tous les deux atteints de plusieurs balles dans le ventre. Ils peuvent encore me dire quelques mots, se confesser, recevoir l'absolution

Église et résidence de Hiên-Quan.

suprême; calmes, résignés, ils baisent le Crucifix et rendent leur âme à Dieu !

J'entre dans ma chambre et, au milieu de débris fumants (les pirates avant de partir avaient essayé de tout incendier), j'aperçois, la face tournée contre terre, le corps de mon pauvre petit domestique baignant dans une mare de sang. Il ne respirait plus. Mon cœur se serre à la pensée que ce jeune garçon n'a pu recevoir une dernière absolution ; mais je fais sur lui le signe de la Croix avec le ferme espoir que Dieu lui accordera miséricorde, car c'est par dévouement chrétien pour moi qu'il s'est fait massacrer.

Je m'empresse de visiter les autres morts et blessés. Deux femmes de vingt-cinq à trente ans et deux jeunes filles de dix-sept à dix-neuf ans étaient étendues sans vie; cinq ou six autres personnes grièvement blessées. Dans la cour, un pauvre homme, affolé de douleur, tient dans ses bras le cadavre de sa petite fille, âgée de six ans, qu'il vient de ramasser dans l'herbe. Chargé de son triste fardeau, le malheureux père appelle le Ciel à son secours.

O mon Dieu, vous dont la religion sainte n'est qu'amour et pardon, à vous aussi le jugement et la vengeance ! Que les brigands aient voulu me tuer, me couper en morceaux, moi l'étranger, le français, le missionnaire, je le comprends. Mais massacrer des femmes, des jeunes filles, des enfants devant l'image de la Vierge Marie, pendant les exercices du beau mois qui lui est consacré... Certainement il y a pour ces crimes une justice éternelle !

La visite des blessés finie, je revins chez moi pour me rendre compte du pillage de ma maison. Tout était haché en morceaux ou à moitié calciné par le feu. Les pirates avaient fait main basse sur tous les objets d'une certaine valeur faciles à emporter : ma boîte aux saintes huiles, ma montre, mon fusil de chasse, mes piastres et surtout mes papiers d'affaires qui pouvaient être compromettants pour certains individus.

Mes photographies de famille, suspendues au volet contre lequel j'avais été si violemment bousculé, avaient disparu. Mais les images de Jésus, Marie, Joseph étaient encore là souriantes !

Je n'avais plus rien à faire à Hiên-Quan, où je redoutais une nouvelle attaque des brigands, furieux d'avoir manqué leur coup. Je traversai le fleuve pour me réfugier à Ngoc-Tháp, où le P. Khiét, vicaire de Baù-No, donnait la mission. Il était une heure du matin.

On revint me chercher pour administrer un homme qu'on avait trouvé grièvement blessé. Le prêtre indigène voulut bien aller à ma place porter les derniers sacrements à l'agonisant, qui mourut après les avoir reçus.

Neuf morts sans compter les blessés. *Auxilium christianorum, ora pro nobis!...*

XXI

Conclusion du drame de Hiên-Quan. — Justice mixte! — Destruction de Baû-No : enlèvement et assassinat du P. Khoân. — Le Dôc-Duc. — Brûlade de Trung-Hà.

Le dimanche matin, je pus cependant célébrer la sainte messe à Ngoc-Tháp, moitié en pleurs, moitié en joie, ne sachant à quel *memento* je devais m'arrêter le plus. Tantôt je regrettais de ne pas être avec les morts, tantôt je remerciais Dieu d'avoir eu pitié de ma pauvre vie.

Le lieutenant, les sous-officiers et quelques soldats du poste vinrent à la messe. Tous me témoignèrent la plus grande sympathie ; du haut du rocher sur lequel est perché le poste, ils avaient entendu les coups de fusil, les cris, et s'étaient parfaitement rendu compte du drame qui se passait à douze cents mètres en aval sur la rive droite.

Au poste, j'écrivis au résident de Hung-Hóa pour le prévenir du triste événement dont j'avais failli être victime. M. Wulfing ne daigna même pas me répondre.

Dans la matinée du 24, je retournai à Hiên-Quan pour assister à la mise en bière des victimes. C'était affreux. Le soir, les autorités civiles de Hung-Hóa, prévenues à temps, n'ayant pas jugé nécessaire de se déranger, le lieutenant Lahire me donna un piquet de soldats d'infanterie de marine et de tirailleurs tonkinois commandés par deux sous-officiers français, pour me permettre de faire l'enterrement sans danger. Pour l'absoute, neuf cercueils étaient déposés dans l'église, dont le sol était encore teint du sang des victimes. Nos braves soldats, témoins de cette scène émouvante, avaient tous les larmes aux yeux.

Mes deux catéchistes et mon domestique sont enterrés dans l'enclos de l'église à côté du chrétien de Chiêu-Ung, tué acci-

Cure de Baù-No.

dentellement l'année précédente en guidant une reconnaissance : *Pie Jesu Domine, dona eis requiem!*

M. Lahire avait eu la bonté de me donner quelques médicaments et des bandes pour panser les blessés. Le bon sergent Santelli fit l'office de chirurgien-major avec un véritable dévouement de sœur de charité. A la nuit, je rentrai avec le détachement au poste de Ngoc-Tháp où le lieutenant m'offrit cordialement le vivre et le couvert : hélas! il ne put, malgré sa bonne volonté, me donner aussi le sommeil.

Le lundi 25, on vint me prévenir que le résident de Hung-Hóa était à Hiên-Quan et me demandait. Mais pas du tout ; je ne trouvai qu'un garde principal avec le Quan-Huyên de Tam-Nông et des miliciens installés pêle-mêle dans l'église. Le Quan-Huyên, l'individu que je regardais déjà comme l'auteur du crime, chargé de faire l'enquête ! Il était là, couché sur les marches de l'autel, buvant joyeusement le thé avec un de ses scribes, pendant que le garde principal, inconscient plutôt que mal intentionné, prenait son apéritif et installait son déjeuner sur la crédence du côté de l'Évangile. Un cheval était attaché dans l'église, à un endroit où l'on voyait encore les traces du sang des malheureuses chrétiennes massacrées l'avant-veille.

Le garde principal, un jeune homme qui paraissait tout à fait comme il faut, mais qui, nouvellement arrivé à Hung-Hóa, se trouvait fourvoyé dans cette bagarre sans se rendre bien compte de la chose, me dit qu'il avait mission de m'escorter jusqu'à Hung-Hóa, où le résident me convoquait.

Comprend-on ça ? Me voyez-vous, moi, pauvre missionnaire, les habits en lambeaux, les larmes aux yeux, escorté par les miliciens railleurs, traversant les villages païens comme un prisonnier, pour aller me présenter à M. Wulfing et me faire piteusement renvoyer d'Hérode à Pilate ?

Et dire que, si les brigands n'avaient pas manqué leur coup, pendant que ma tête soigneusement salée aurait été promenée dans une petite cage en bambou à travers les villages rebelles, M. le résident aurait peut-être prononcé mon éloge funèbre, tout en blâmant mon trop de zèle pour Dieu et la France. Et les mandarins, en grands habits de cérémonie, auraient assisté à mes funérailles et jeté de l'eau bénite sur ma tombe.

Quoi qu'il en soit, sachant bien quelle justice je pouvais espérer à Hung-Hóa, je laissai le garde principal et le Quan-Huyên y retourner avec leurs miliciens, et je rejoignis Ngoc-Tháp.

Le mardi 26 mai, je descendis en barque jusqu'à Viêt-Tri, où j'arrivai dans l'après-midi, exténué de fatigue, mais brisé plus encore par l'émotion. L'accueil si bienveillant, si français que je reçus à bord du *Moulun* et au poste, chez le commandant Baudard et le docteur Gouzien, me produisit un tel contre-coup, qu'à plusieurs reprises j'éclatai en sanglots.

Enfin, le mercredi soir, j'arrivais à Hanoï par le *Lao-Kay*, chaloupe des Messageries fluviales.

Quand je me vis auprès de Mgr Puginier et de mes confrères, je me sentis revivre. J'avais le cœur bien gros ; mais il me fut permis de pleurer tout à mon aise, en contant les détails de ma lamentable histoire.

Pendant cinq ou six jours, impossible de fermer l'œil et de dormir une minute. Une seule idée me donnait dans la tête comme des coups de lancette : obtenir justice en faisant condamner au moins le Quan-Huyên de Tam-Nông. Cette fois je n'avais pas eu affaire qu'à de simples voleurs de grand chemin ni même à des rebelles : il y avait eu un complot tramé contre moi ; on avait soudoyé des brigands, gens de métier, pour se débarrasser du missionnaire français, l'homme gênant.

« Calmez-vous d'abord, disait paternellement Mgr Puginier. Soyez tranquille ; je me charge de régler cette affaire pour le mieux avec l'autorité supérieure. »

Mais je ne voulais rien entendre :

« Pas de huis clos, les débats publics de la cour d'assises, comme y a droit tout citoyen français. Est-ce que saint Paul ne faisait pas valoir son titre de citoyen romain pour en appeler à César ? »

Que sais-je encore ?

« Si je n'obtenais pas justice, j'écrirais dans les journaux. »

Tous ces terribles propos faisaient sourire monseigneur, qui me parlait le langage de la sagesse :

« Eh, mon pauvre ami, plus fait douceur que violence. Voyons, n'êtes-vous pas missionnaire ? Je vous le répète : du calme, et écrivez à votre mère que son fils a du bonheur d'avoir un évêque comme moi. »

C'était vrai. Avec un évêque comme Mgr Puginier, on n'avait pas de peine, malgré la vivacité du premier mouvement, à sacrifier son jugement propre. Aussi, je renonçai à faire du

Église de Baù-No; hangar construit après l'incendie.

bruit qui ne produit pas de bien et m'en remis en tout et pour tout à la sainte volonté du bon Dieu.

Une enquête administrative sur l'affaire de Hiên-Quan amena devant le tribunal mixte le Quan-Huyên, qui fut condamné à dix ans d'exil, pour la forme simplement, car peu après, au changement du gouverneur général, les mandarins annamites, en bons solidaires, demandèrent sa grâce, sous prétexte que son fils aîné venait d'être reçu licencié aux examens des lettrés. Le plus fort, c'est qu'ils l'obtinrent.

Le dôï Tó, qui censément avait pris la fuite, fut arrêté, après deux mois de longues mais faciles recherches.

Son procès fut instruit et on lui octroya une condamnation à la prison perpétuelle...

Oh ! *les animaux malades de la peste*, comme c'est bien ça sous toutes les latitudes.

> On n'osa trop approfondir
> Du tigre ni de l'ours... etc., etc.

Et cependant, le tigre et l'ours, on les connaît bien ! mais la prudence est la mère de la sûreté.

Du moins les deux chrétiens, Truong-Ngai et Vinh, reconnus innocents, furent rendus à la liberté. Nous l'avions payée cher.

Après la violente secousse physique et morale que je venais d'éprouver, j'avais besoin de repos. Le temps des vacances me ramena à Ké-Só pour la fête de Mgr Paul Puginier. Les mauvaises nouvelles m'y poursuivirent.

Tout d'abord le massacre d'un catéchiste et d'un élève qui, en revenant de Hoàng-Xà, tombèrent entre les mains cruelles du Dôc-Duc. Puis, bientôt après, un événement encore plus tragique vint mettre en deuil toute la Mission.

Depuis longtemps, le Dôc-Duc guettait Baû-No, contre lequel il avait déjà tenté un coup de main qui n'avait pas réussi au gré de ses désirs.

Le 19 juin, mon catéchiste Vàn-Càn, que j'avais laissé à Hà-Thach après l'affaire de Hiên-Quan, ramenait à Baû-No mes deux chevaux et le reste de mes bagages. Le vicaire de la paroisse et le curé de Dûc-Phong se rencontrèrent aussi ce jour-là chez le P. Khoân. Vers cinq heures du soir, les trois prêtres indigènes prenaient ensemble leur modeste repas, lorsque tout à coup, sans qu'on eût rien remarqué d'anormal, un individu du village se précipita dans la cure en criant :

« Sauve qui peut ! Les pirates !

— Pas possible, à cette heure ! » murmure le vieux P. Khoân, et, armé de son grand bâton surmonté d'une petite corne de *hoẵng* (espèce de chamois), il sort pour voir ce qu'il y a. A peine a-t-il mis le pied dans la cour de l'église, qu'il est saisi et les brigands font invasion. Le P. Khanh et le vicaire ont le temps de s'échapper dans l'enclos du jardin et de se jeter dans un étang, dont les bords sont plantés de patates à longues tiges et à larges feuilles. Plongés dans la boue jusqu'au menton, la tête dissimulée par l'épaisseur du feuillage, ils voient les brigands passer sur la rive dont ils fouillent les grandes herbes à coups de lances; des flammèches de l'incendie qui dévore la cure, l'église et le village, tombent sur leurs têtes. Mais Dieu voulut bien se contenter de l'holocauste du P. Khoản, qui fut emmené du côté de la rivière Noire, décapité et jeté dans le fleuve.

L'incendie de Baủ-No me coûta tout ce que je possédais encore, à l'exception toutefois de mon brave Coco, que le chef pirate voulait se réserver.

La bonne bête (le cheval) se rebiffa si bien, et, dit la légende, mordit à si belles dents son ravisseur, que celui-ci dut lâcher prise, après avoir, comme Malchus, perdu une oreille.

Baủ-No est situé à deux heures de Hung-Hóa et de Viêt-Tri, où il y avait des garnisons européennes importantes. En plein jour, sous leurs yeux, le Dôc-Duc osait faire des coups pareils!

Cet audacieux rebelle était un des lieutenants du fameux Dôc-Ngu : pendant plusieurs années, il terrorisa toute la région entre Bao-Yên et le confluent de la rivière Noire.

Un de ses principaux exploits, après le sac de Baủ-No et l'assassinat du P. Khoân, fut l'incendie général du grand village de Trung-Ha (juillet 1891). J'étais alors chez le P. Robert, à Son-Tây, où monseigneur m'avait laissé revenir pour essayer d'obtenir quelques réparations. Le bruit courait dans le peuple que le Dôc-Duc avait menacé de sa vengeance le village de Trung-Hà, coupable à ses yeux d'avoir livré à la résidence un

Tirailleurs tonkinois

pirate blessé. Pour racheter ce manque de loyalisme, les notables de Trung-Hà devaient, dans un délai fixé, payer une forte contribution en piastres, riz et pièces de crêpon de Chine. Les gens effrayés avaient prévenu la résidence de Son-Tây; mais M. d'Albaret n'était plus là : la province était retombée de lance en quenouille.

De la porte de la Mission, un soir, vers les dix heures, nous vîmes du côté de la rivière Noire comme une magnifique aurore boréale. Trung-Hà flambait : c'était fatal ! Pays de protectorat !

Un nouveau résident nous arriva bientôt après de Cochinchine. Pas sectaire cependant et partisan d'une douce quiétude.

« Empoisonnant, toutes ces histoires de pirates, empoisonnant ! répétait-il avec conviction ; il n'en faut plus, il n'y en a pas. »

Cela ne faisait pas le compte des pauvres chrétiens, qui avaient dénoncé des individus parfaitement reconnus par eux comme ayant pris part au pillage et à l'incendie de Baû-No et à l'enlèvement du curé. Une note officielle, publiée dans un journal de Hanoï, avait rendu compte de ce fait divers insignifiant : « Quelques paillotes brûlées, deux chevaux tués, un indigène disparu ! » Pas plus difficile que ça, la rédaction.

Obligé de soutenir les justes revendications de mes chrétiens, je mis tout en œuvre pour obtenir en faveur de Baû-No l'application du principe admis par l'autorité supérieure pour Trung-Hà qu'on fît indemniser par les villages pirates environnants. Mes démarches n'aboutirent qu'à la condamnation à quelques années de prison de cinq ou six brigands de bas étage. J'y gagnai cependant personnellement la compassion du résident, homme d'un bon naturel, qui vint trouver Mgr Puginier pour lui faire part des craintes que lui inspirait ma triste situation dans sa province :

« Les brigands lui en veulent, monseigneur : on le tuera ! Si vous lui accordiez son changement ?... »

Autrement dit : « Je serais bien aise que le P. Bàc allât se faire pendre ailleurs. »

Monseigneur me laissa à ma place, en Xú'-Doài ; mais, par prudence, je me tins éloigné quelques mois de Son-Tây et de Hung-Hóa. Avec l'aide des amis, je retrouvai un fusil de chasse, des vêtements, des ornements de messe, et m'en allai camper au Sông-Chây, en territoire militaire.

Voulez-vous y venir avec moi? Nous trouverons là de braves gens et nous ne serons pas pendus.

XXII

Création des territoires militaires. — Du Sông-Chây à Tuyên-Quang. — La colonne de Hoà-Môc. — Le premier de l'an 1892 à Tuyên-Quang. — En campagne apostolique. — Dernière visite à Mgr Puginier.

En novembre 1891, il y a encore pas mal de pirates chinois dans les régions du Haut-Tonkin, sur les bords du Sông-Chây comme ailleurs, et tous ces gaillards-là ne font pas mine de vouloir se rendre à l'aimable invitation du nouveau gouverneur général, qui leur fait dire sur tous les tons : « Soyez donc raisonnables, quittez le fusil pour la pioche, et laissez-moi en paix. »

Heureusement M. de Lanessan venait de prendre une mesure qui valait mieux que toutes les belles protestations des mandarins à double face : la création des territoires militaires mettait fin à la fausse situation causée par le mélange des résidents et des commandants de Cercles militaires. Avec le nouveau système, chacun avait sa place et pouvait se mouvoir dans sa sphère d'action sans marcher sur le pied de son voisin. Cela dit pour rendre justice à qui de droit.

Je revis avec joie les rives du Sông-Chây et, tout en donnant mes soins aux chrétiens de cette intéressante paroisse, je pus prendre au grand air toutes les récréations hygiéniques qu'on trouve dans la brousse :

> On couche sur la mousse,
> Sans se la couler douce,
> En se suçant le pouce...
> Mais sans craindre la rousse,

dit la chanson mise en honneur et en pratique par nos troupiers tonkinois.

Je pouvais entretenir de bonnes relations avec les officiers qui venaient faire quelques parties de chasse chez moi, et aux grands jours de fête j'avais toujours quelques Français à la messe.

Le commandant Baudard, monté de Viêt-Tri à Tuyên-Quang, me témoignait la plus grande bienveillance et ne manquait pas de venir demander l'hospitalité à la cure de Trai-Cô quand il faisait ses tournées d'inspection dans les villages de son cercle. En pareille circonstance, il y avait toujours un paon pour le rôti et le commandant disait aimablement :

« C'est très bien, Père...; la nappe n'est pas mise, mais... j'admire un si beau paon et reconnais l'Église! »

« Il faudra venir nous dire une messe à Tuyên-Quang pour le 1ᵉʳ janvier, » me recommanda-t-il un jour.

On pense si j'acceptai avec empressement.

Le 31 décembre 1891, je pris donc, avec mon bagage apostolique de missionnaire ambulant, le chemin de Tuyên-Quang, en suivant la route qui longe la rive droite de la rivière Claire. De Phû-Doan à Tuyên-Quang, on compte de vingt-huit à trente kilomètres.

Aux deux tiers du chemin, c'est-à-dire à dix kilomètres en aval de Tuyên-Quang, s'élève sur un mamelon une belle pyramide en blocs de granit, monument commémoratif du fameux combat de Hoâ-Môc, livré les 2 et 3 mars 1885 par la première brigade du corps expéditionnaire qui montait en toute hâte au secours de l'héroïque commandant Dominé, assiégé par l'armée chinoise. *Sta, viator, heroes calcas!* On croit encore entendre la voix énergique de Brière de l'Isle disant à ses braves soldats dans son ordre du jour du 5 mars 1885, au quartier général de Tuyên-Quang :

« Officiers, sous-officiers, soldats et marins de la première brigade et de la flottille, je suis fier de le proclamer bien haut : vous avez montré une fois de plus qu'avec des hommes tels que vous, le drapeau de la France flottera partout où le gouvernement de la République vous demandera de le porter! »

En passant là, tout Français descend de cheval et se découvre pour saluer les braves tombés au champ d'honneur. Un missionnaire fait encore mieux : il se met à genoux au milieu des tombes disparues sous les brousses, et fait monter vers le ciel une prière pour le repos des âmes de ses compatriotes. Hélas! pourquoi la Croix n'est-elle pas arborée au sommet d'un monument qui rappelle le sacrifice du sang versé pour Dieu et la patrie?

Au sortir des mamelons boisés, en débouchant dans la plaine, on aperçoit tout d'abord, sur la rive gauche, le fort Giovaninelli, perché comme un nid d'aigle au sommet d'une colline à pic qui domine Tuyên-Quang étendu tout en longueur sur la rive droite de la rivière Claire.

Avant d'entrer dans la ville, le chemin est coupé par un arroyo profond qu'on traversait jadis sur un mauvais pont très étroit. C'est en cet endroit que se noya accidentellement M. Guyo, un jeune sous-lieutenant de tirailleurs tonkinois qui arrivait gaiement au trot de son cheval, venant d'un poste de l'intérieur. Le corps du pauvre officier fut retiré de l'eau, à moitié mangé par les tortues.

Dans un précédent voyage à Tuyên-Quang, peu de jours après cet accident, j'avais béni la tombe de M. Guyo, la première du cimetière actuel, situé sur un petit mamelon derrière la citadelle. A cette époque, Tuyên-Quang ne possédait pas encore d'aumônier et la garnison n'avait que rarement l'occasion de voir passer le missionnaire. Nos pauvres soldats, ces légionnaires dont beaucoup étaient enfants de la catholique

Alsace-Lorraine, étaient privés de tout secours religieux; et cependant leurs âmes malades, aussi bien que leurs corps fatigués, avaient besoin du réconfort moral que donne la présence du prêtre. Aussi, le 1er janvier 1892 à Tuyên-Quang fut une véritable fête de famille. Le commandant avait fait préparer pour chapelle le grand salon de la résidence, et tous

Champ de bataille de Hoâ-Môc.

les Européens, officiers et soldats, civils et militaires, assistèrent avec bonheur à la messe que je célébrai pour eux, en leur souhaitant du fond du cœur le courage chrétien nécessaire pour mener à bien le combat de la vie *dont la palme est aux cieux!*

Après la messe, réception de nouvel an chez le commandant. Je vous garantis que ce fut sincère et cordial. On me félicitait d'avoir encore la tête sur les épaules (l'affaire de Hiên-Quan me valait les sympathies de tous les militaires) et chacun me disait :

« Restez avec nous, campez à Tuyên-Quang ! »
Si j'avais eu des fonds, c'était fait. Du coup je bâtissais une

Colonne commémorative du combat d'Hoâ-Môc.

église et un cercle militaire ! mais l'argent me manquait.
Je revins à Trai-Cô, où je passai les fêtes du premier de l'an

La rivière Claire; vue prise en aval de Tuyên-Quang.

annamite, qui, cette année-là, correspondait à notre 30 janvier. Trois jours de grand'messe en l'honneur des trois personnes de la sainte Trinité. Les braves gens de la paroisse me souhaitèrent la bonne année de leur mieux, et malgré la tristesse des temps on *mangea* le *têt* (le premier de l'an), car en Annam on mange tout : *ân têt* (manger le premier de l'an), *ân cuoï* (manger une noce), *ân trôm ân câp* (manger un larcin, commettre un vol); *ân cuop* (manger un brigandage)... On mange tout, je vous dis... on avale même des couleuvres!...

Si, une fois ou l'autre, un de nos chrétiens se laisse tenter par le diable à « manger un larcin », les boudhistes eux-mêmes savent par expérience qu'il y a une époque de l'année où le chrétien coupable restitue ; tandis que chez eux, va-t'en voir s'ils viennent, Jean... Je fais cette remarque en passant pour répondre à l'objection inepte de certains de nos compatriotes aux missionnaires :

« Vos Annamites convertis ne valent pas mieux que les autres. »

Eh bien, messieurs, vous faites erreur : vous ne connaissez pas les braves paysans catholiques du Tonkin si vous croyez qu'ils ressemblent à vos boys, chrétiens peut-être, mais en rupture de ban.

Grâce à ces bonnes relations avec les militaires, les catholiques perdirent peu à peu le souvenir des mauvais traitements qu'ils avaient eu à subir, l'année précédente, de la part d'un petit autocrate qui, *proprio motu,* sans jugement et sans autre motif que son méchant plaisir, avait fait séquestrer le P. In, prêtre indigène chargé de la paroisse. J'étais alors à Du-Bô. Mgr Puginier, prévenu télégraphiquement, avait dû faire des démarches pour que le prêtre indigène pût revenir chez lui pour les fêtes de Noël (1890).

Cet incident profondément regrettable avait, comme on le pense bien, laissé une impression pénible dans les esprits; aussi quand je revins, après une longue absence dans les autres paroisses de mon district, le prêtre indigène et les chrétiens trouvaient la présence du missionnaire européen encore plus utile que d'habitude. Pour cette raison Mgr Puginier me dispensa de descendre à Ké-Sô pour la retraite générale des confrères, en janvier 1892.

Cependant, au mois de février, apprenant que la santé de notre vénéré vicaire apostolique donnait quelque inquiétude, je profitai d'un moment de calme relatif pour venir passer quelques jours à Hanoï. Monseigneur m'accueillit avec sa bonté ordinaire; il me parut fatigué, mais non abattu. L'évêque de Mauricastre était de cette race d'hommes qui meurent debout, face à l'ennemi.

Mgr Puginier n'avait que cinquante-six ans; mais, depuis trente-quatre ans, il s'usait au travail pour la gloire de Dieu et le salut des âmes, sous ce climat meurtrier du Tonkin.

Toujours sur la brèche pour défendre ses chrétiens contre la haine des mandarins et des lettrés, il avait eu, en ces derniers temps, la douleur de voir fomenter une odieuse et inique persécution contre les nouveaux chrétiens, à l'instigation de quelques sectaires qui se prétendent français.

Prière de lire sur ce sujet le magnifique ouvrage du R. P. Louvet : *Vie de Mgr Puginier*. C'est édifiant.

Malgré ses fatigues et ses crève-cœur, le prélat répétait en son âme ces paroles de la sainte Écriture : *Dominus protector vitæ meæ... a quo trepidabo?* Toujours inquiet et tendrement paternel pour les autres, rude pour lui-même, il se faisait et voulait faire illusion sur son état de santé.

Quand je pris congé de Sa Grandeur, je ne croyais pas baiser pour la dernière fois son anneau pastoral. Cependant j'avais les larmes aux yeux; Mgr Puginier s'en aperçut et me dit en souriant :

« Allons, allons, du courage... Venez, que je vous confirme encore une fois! »

Et je fus honoré d'un soufflet paternel... à nul autre pareil.

« Merci, monseigneur ! »

En récompense de ma soumission filiale, ce père tendrement aimé me donna une belle médaille miraculeuse « pour chasser tous les diables » et trente piastres « pour construire une chapelle à Tuyên-Quang ». C'était le tarif épiscopal.

« Allez de l'avant ! ajouta monseigneur, mais ne faites jamais de bêtises... Ou bien, s'il vous en échappe quelqu'une, profitez-en avec humilité pour acquérir de l'expérience. »

XXIII

Le colonel Pennequin et le Dôc-Duc. — Le *Lao-Kay* au fond de la rivière Claire.
— Providence particulière. — Inquiétudes au sujet de Mgr Puginier.

A petites journées en faisant étape à Son-Tây, à Viêt-Tri, à Lâng-Lang, je regagnai tranquillement le Sông-Chây, emportant l'espoir que Dieu exaucerait nos prières et conserverait longtemps encore au Tonkin notre vénérable évêque, bientôt rendu à la santé.

Une bonne nouvelle apprise à Hanoï contribuait à me rendre optimiste : Hung-Hóa devenait chef-lieu du quatrième territoire militaire, à la tête duquel était placé le lieutenant-colonel Pennequin. Les circonstances étaient critiques et le Dôc-Ngû venait de renouveler l'histoire de Cho-Bo, en s'attaquant cette fois au poste militaire de Yên-Lang.

Après son échec de Xóm-Gión, le chef rebelle s'était réfugié dans le Thanh-Hoà-Dao pour reprendre haleine : peu à peu il se rapprocha à pas de loup de la basse rivière Noire et, apprenant que le poste de Yên-Lang venait d'être approvisionné de cartouches, il résolut de s'en emparer par surprise. La trahison d'un caporal indigène lui en facilita les moyens.

Le 6 février, vers les sept heures du soir, les tirailleurs prenaient comme d'habitude leur repas ou se promenaient dans le village en attendant l'appel ; le capitaine Pouligo allait se mettre à table et les sous-officiers français étaient déjà en train de dîner, quand six ou sept paysans se présentèrent, demandant à parler au commandant du poste. La sentinelle de garde les introduit, et le capitaine les reçoit sans défiance. Au même instant, à un signal donné, les rebelles qui entouraient le poste se précipitent comme une avalanche, forcent la porte, pénètrent dans la salle à manger des sous-officiers sur qui ils déchargent leurs armes à bout portant : deux sergents sont tués ; les autres, plus ou moins grièvement blessés, réussissent à s'échapper. Le capitaine Pouligo est massacré par les pirates déguisés qui causent avec lui. Le poste, mis au pillage, est complètement incendié.

Le spectre rouge du Dôc-Ngû hantait encore une fois les esprits. La nomination du colonel Pennequin au commandement du quatrième territoire rendit confiance aux populations de Hung-Hóa. Cet officier supérieur, qui avait déjà fait deux séjours coloniaux au Tonkin et qui connaissait admirablement la région de la haute rivière Noire, arrivait avec la réputation d'être l'homme le plus capable de débrouiller la situation et d'amener la chute du Dôc-Ngû par la politique plus encore que par les armes. Il débuta par un petit accident qui lui fit juger de l'audace des gens auxquels il aurait affaire.

A peine arrivé à Hung-Hóa, le colonel, qui sentait le besoin de remonter un peu le moral de la population, s'en alla presque sans escorte faire un tour du côté de Bao-Yên et de la rivière Noire. Il fallait traverser les terres du Dôc-Dùc, l'assassin du P. Khoân. Ce chef pirate, sans plus de respect pour les képis à cinq galons que pour les barrettes à trois cornes, se paya le malin plaisir d'enlever le cuisinier et le boy du colonel qui, ce jour-là, l'échappa belle, sans s'en douter.

Pour moi, pendant ce temps, j'achevais de prêcher le carême aux chrétiens de Sông-Chây. Deux officiers de passage et quelques soldats de Phù-Doan profitèrent de ma présence à Vân-Ru pour faire leurs Pâques. Grâce au capitaine X..., j'eus même le bonheur de convertir un caporal de tirailleurs tonkinois pour légitimer son mariage avec une catholique.

Fête de Pâques à Vân-Ru, grand'messe militaire avec le concours de la garnison de Phû-Doan.

Monseigneur m'avait donné pour instruction d'aller à Tuyên Quang, après Pâques, afin d'essayer d'y installer une chapelle provisoire et un pied à terre pour le missionnaire. Mais recommandation expresse de profiter pour ce voyage du passage de de la chaloupe des Fluviales à Phû-Doan. Monseigneur voulait m'éviter la fatigue d'un voyage par terre et le danger des mauvaises rencontres.

Fidèle à la consigne, le mercredi 20 avril, je me préparais à descendre à Phû-Doan pour m'embarquer sur le *Lao-Kay*, qui devait passer à trois heures de l'après-midi, remontant à Tuyên-Quang. Mon sac de voyage était prêt; mais il me restait à confesser quelques enfants qui ne pouvaient encore faire leur première communion, et après mon action de grâces j'allais régler leur petit compte, quand je reçus la visite de M. D..., agriculteur à Phû-Doan, avec qui j'entretenais les meilleures relations.

Nous causâmes longuement, et je l'avais à peine reconduit que le lieutenant C... arriva chez moi avec le capitaine d'artillerie Bonnet. Ces messieurs venaient m'enlever pour me conduire déjeuner à Phû-Doan. J'eus beau m'excuser, faire remarquer que j'avais du travail pressant à régler, ils ne voulurent rien entendre et prirent mon fusil de chasse pour aller tuer une aigrette, pendant que je confesserais mes enfants. Mais ceux-ci, impatientés d'attendre à l'église, étaient retournés manger le riz et paître les buffles; et quand les officiers revinrent de leur tour de chasse, je les accompagnai en leur disant :

« Je n'irai pas à Tuyên-Quang aujourd'hui, et ce sera de votre faute, messieurs, si je manque la consigne donnée par monseigneur: je ne veux pas quitter Vân-Ru sans avoir absolument achevé mon travail. »

Nous allâmes donc déjeuner. A table, le vaguemestre me

remit une lettre de France arrivée le matin. Reconnaissant sur l'adresse l'écriture de ma mère et le timbre du pays, je brisai le cachet et me dépêchai de jeter un coup d'œil sur la première et dernière ligne.

« Tout le monde va bien, suffit; je lirai à loisir cette longue et bonne lettre en retournant à Vân-Ru. »

La conversation était très gaie : le capitaine Bonnet, à la veille de rentrer en France, ayant fini son séjour colonial, se laissait aller à nous conter ses rêves de bonheur et d'avenir. De vieux parents dont il était le soutien l'attendaient avec impatience : il était proposé pour la croix, fiancé; son remplaçant devait arriver par la chaloupe; dans huit jours il voguerait vers la mère-patrie !

La sirène du *Lao-Kay* signale son arrivée. Nouvellement remis à neuf, le bateau est plus svelte et plus guilleret que jamais; le commissaire, M. Lareillet, en paraît fier à juste titre. Je montai à bord avec le capitaine Bonnet et saluai sur la chaloupe M. et Mme Godard, notables commerçants de Hanoï, qui, depuis sept ans qu'ils étaient au Tonkin, faisaient leur premier voyage d'agrément. Deux sous-officiers, nouvellement décorés de la médaille militaire, me font un beau salut auquel je réponds par un mot de félicitations.

« Puisque vous êtes là, restez donc; venez à Tuyên-Quang avec nous, » me disent toutes les personnes à qui je souhaite bon voyage.

J'hésite un instant; mais non, je redescends sur la berge en disant :

« A la semaine prochaine. »

Le *Lao-Kay* file à toute vapeur, pendant que je reprends le chemin de Vân-Ru en fumant ma pipe et en lisant la bonne lettre de France, qui me brûlait la poche depuis le déjeuner.

Elle portait la date du 10 mars. Entre autres choses sorties du cœur, ma pieuse mère me disait :

« C'est avec bonheur que je te sais remis de toutes les émo-

Ambulance de Tuyên-Quang.

tions que t'ont causées ces vilains pirates. J'ai confiance que Dieu te garde fidèlement par le ministère de ses bons anges et de tous nos saints protecteurs. Je penserai particulièrement à toi et ferai la sainte communion à ton intention le 20 avril, anniversaire du jour où tu as quitté la France. »

Et nous étions au 20 avril ! La chère maman, comme elle pense à tout et toujours ! Ému, je songeais au pays et revivais en famille un de ces moments si doux que la Providence donne au cœur du missionnaire, exilé volontaire. Cependant on aperçoit encore le *Lao-Kay*, qui envoie des nuages de fumée noire sous le beau ciel bleu. Je lui tire un grand coup de chapeau sans remords de n'avoir pas suivi à la lettre les instructions de monseigneur, car j'avais agi en toute conscience, ne voulant pas laisser mon travail inachevé.

Le soir, je réglai tout ce qui me restait à faire, et le lendemain matin je retournai encore déjeuner à Phû-Doan (c'était si près), pour faire plaisir, cette fois, aux sous-officiers qui, autrement, voulaient se fâcher avec moi, me trouvant trop fier.

A l'entrée du poste, le sergent Masse, un bien digne garçon, dévoué, brave et modeste, m'aborde d'un air mystérieux :

« Quelle s... veine vous avez, tout de même ! me dit-il, la voix tremblante d'émotion.

— Quoi donc, sergent, qu'entendez-vous par là ?

— Comment ? Vous ne connaissez pas la catastrophe du *Lao-Kay* ? Le capitaine Bonnet, le commissaire, Mme Godard, les deux sergents médaillés, onze légionnaires, trois tirailleurs tonkinois et d'autres passagers indigènes, tous noyés ! »

Vers les huit heures du soir, pendant que les passagers de première classe prenaient leur repas au salon, la chaloupe avait tout à coup donné de l'avant sur un écueil, et en quelques instants le *Lao-Kay* avait complètement disparu dans un gouffre de douze mètres de profondeur.

Le malheur des autres m'épouvantait, et aussi mon propre bonheur.

Oh! ce mercredi 20 avril 1892, treizième anniversaire de mon départ de France, la lettre de ma mère qui avait dû communier pour moi ce matin-là dans l'église du pays, les bons anges gardiens, saint Joseph!

On pense bien quel fut le thème de notre conversation pendant le déjeuner.

« Frappante vraiment, cette coïncidence, disait le plus esprit fort de la popote.

— Tout ce que tu voudras, répondait un camarade; mais, tu sais, pas de blague, hein? j'y crois, à la Providence!

— Et moi aussi, » accentuait le sergent Wartel, un échappé du massacre de Yên-Lang.

En nous séparant, soldats et missionnaire, nous avions tous ancrés plus que jamais au fond du cœur la foi, l'instinct invincible en une Providence, qui de là-haut veille sur nous; et chacun pensait avec reconnaissance aux parents et amis de France qui prient pour les pauvres Tonkinois.

La perte du *Lao-Kay* causa une grande émotion à Hanoï; mais les articles de journaux, qui jetaient à droite ou rejetaient à gauche les responsabilités de l'accident, ne rendirent la vie à personne. Tout d'abord, j'avais eu l'intention d'aller sur le lieu du sinistre, pensant que ma présence pourrait être utile; mais, comme on paraissait vouloir faire le mystère sur ce triste événement et que, du reste, les corps n'étaient pas encore retrouvés, je crus bon d'attendre et je partis pour Trai-Cô, où je voulais changer l'église de place, en la faisant transporter sur un joli mamelon qui domine le cours de la rivière.

Pareille opération n'a rien de difficile avec le système de constructions en bois généralement adopté au Tonkin.

Pendant que les gens du village prenaient leurs mesures pour cela, je profitai du premier moment libre pour faire le voyage de Tuyên-Quang, désirant y acquérir le terrain nécessaire à l'installation projetée. Le commandant Baudard, qui venait d'être promu lieutenant-colonel et commandant du troisième territoire à Yên-Bai, m'avait promis son bienveillant concours pour cette œuvre utile au bien de la garnison.

Le lundi 25 avril, je pris donc le chemin de Tuyên-Quang en passant par Lang-Ngoï, où l'autorité militaire faisait construire un blockhaus destiné à tenir en respect les pillards chinois qui, de temps en temps, à l'époque de la moisson, faisaient incursion dans cette riche vallée, enlevant le riz et les moissonneuses. La création de ce petit poste assurait la circulation de Phû-An-Binh à Tuyên-Quang. Cette route directe, sans être trop accidentée, est cependant très pittoresque. Je chevauchais tranquillement au pas, sous l'ombrage de grands arbres, au fond d'une belle vallée sillonnée par quelques ruisseaux limpides : çà et là, des deux côtés de la route, des fondrières où l'on voyait des traces toutes fraîches du passage d'un troupeau d'éléphants. Coco dressait les oreilles et Fidaut serrait la queue.

Moi, je rêvais aux futurs Trappistes, à mon avis les seuls colons capables de mettre en valeur ces vastes terrains et d'exploiter toutes ces forêts. Puis, je me sentais envahi par un sentiment de filiale inquiétude : comment allait Mgr Puginier ?

Quelques jours auparavant, un de mes catéchistes, que j'avais envoyé chercher les saintes huiles à Hanoï, m'avait rapporté une lettre de Mgr Gendreau, le coadjuteur, prescrivant des prières publiques dans tout le vicariat.

L'état du vénérable malade n'était pas désespéré cependant, et on comptait encore pouvoir faire violence au Ciel. Pour moi personnellement, éloigné de mes confrères, recevant assez rarement des nouvelles, je ne jugeais pas très bien de la gravité de la situation et je ne voulais pas me figurer que, d'un jour à l'autre, la Mission du Tonkin occidental pouvait être privée du grand évêque en qui elle se personnifiait depuis si longtemps. Cependant, j'étais agité d'un triste et vague pressentiment. J'en fus distrait par la beauté du spectacle que l'on a sous les yeux en débouchant dans l'immense plaine au bout de laquelle, à cinq ou six kilomètres dans le lointain, on aperçoit Tuyên-Quang.

XXIV

Mort de Mgr Puginier. — Mgr Gendreau, vicaire apostolique. — Mon retour à Hưng-Hóa. — Dernier succès du Đốc-Ngữ. — Habile politique du colonel Pennequin. — Soumission du Đê-Kiêu.

Je m'occupai activement de l'affaire qui m'amenait à Tuyên-Quang ; mais le commandant Baudard, nommé lieutenant-colonel, n'était plus là, et le chef de bataillon qui le remplaçait, tout en se montrant d'ailleurs très affable, ne partageait pas les idées de son prédécesseur sur l'utilité de la présence d'un missionnaire à Tuyên-Quang: ma demande de concession d'un petit terrain pour une chapelle ne fut pas agréée... pour le moment. — Tant pis : ce n'est pas de ma faute.

Dans la soirée, je visitai les quelques chrétiens installés à Tuyên-Quang dans des barques ou des maisons flottantes sur la rivière: la plupart d'entre eux, pêcheurs ou marchands de bois et de sel, sont de la province de Nam-Dinh (vicariat central). Ces braves gens, heureux de ma présence, disposèrent immédiatement un radeau sur lequel je viendrais le lendemain leur dire la messe. J'allai aussi voir les malades de l'ambulance et quelques officiers de ma connaissance.

A la tombée de la nuit, je passai à la poste où il devait y avoir quelque chose pour moi. Le receveur me remit, en effet, deux dépêches de Hanoï; l'une du 24, ainsi conçue :

« Monseigneur plus mal. Commencez *triduum* de prières. »

Et l'autre du 25. Je tremblais en ouvrant le pli:

Montagnards au marché

« Mgr Puginier mort! »

Cette terrifiante nouvelle, à laquelle je ne m'attendais pas malgré mes tristes pressentiments, me renversa; troublé, je ne savais plus que faire. Je voulais aussitôt partir pour Hanoï; mais ce n'était pas possible. On me fit remarquer que je n'arriverais probablement pas à temps pour les obsèques (dont la dépêche ne parlait pas), car le voyage par eau, dangereux pendant la nuit à cause des écueils, n'était guère sûr pendant le jour à cause des pirates signalés sur les bords de la rivière. Il fallait attendre un convoi avec escorte. Je dus donc me résigner à ne pas assister aux obsèques de monseigneur, et ce fut pour moi un véritable sacrifice.

Faute d'autre logement, on m'avait donné au *Petit-Gibraltar*, quartier de l'artillerie, la chambre et le lit du pauvre capitaine Bonnet. Seul dans ce local sombre, je passai une bien triste nuit dont je ne perdrai jamais le souvenir, causant à voix basse avec les morts et croyant entendre leurs réponses au fond de mon âme... Toutes les bontés paternelles, les sages conseils du vénéré défunt me revenaient à l'esprit et au cœur; et, mêlant les prières aux larmes, je sentais vivement la perte irréparable que faisait la Mission. Fatigué par le voyage, brisé par l'émotion je finis cependant par dormir quelques heures, et le lendemain, au point du jour, j'eus la consolation d'offrir le saint Sacrifice pour le repos de l'âme du grand évêque, au milieu de pauvres chrétiens indigènes qui, bien qu'appartenant à une autre Mission, pleuraient avec moi et mon catéchiste le Père bien-aimé que nous avions perdu.

Il n'y avait qu'à se soumettre au décret de la divine Providence. Avant de nous enlever Mgr Puginier, le bon Dieu avait eu soin de lui donner un coadjuteur digne à tous égards de le remplacer à la tête de la Mission : Mgr Gendreau, évêque de Chrysopolis, coadjuteur depuis 1887, devenait vicaire apostolique du Tonkin occidental. Missionnaires et chrétiens reportèrent sur lui tous leurs respects et leur attachement filial.

De retour à Trai-Cô, j'achevai le travail que j'avais entrepris pour transporter l'église et la cure sur un mamelon assez élevé, dans une position avantageuse qui permettrait de se défendre en cas d'attaque. Les boudhistes des environs tinrent à honneur de donner un coup de main aux chrétiens de la paroisse pour transporter l'église, témoignant ainsi leur reconnaissance pour les services que leur rendait à eux-mêmes la présence du missionnaire.

Voilà ce que c'est que d'avoir quelques vieux fusils à sa disposition ! on me prenait pour un foudre de guerre, et le grand marché de Chó-Ngâ, qui n'osait plus se tenir sur la rive droite du Sông-Chây, passait sur la rive gauche pour se mettre sous la protection de la pauvre église de Trai-Cô, placée elle-même sous les auspices de Notre-Dame de Lourdes. La jolie statue, entreposée dans une paillotte, attend encore une chapelle en briques.

Au mois de juin, je descendis à Ké-Sô pour les vacances en famille avec les confrères réunis à l'occasion de la fête du vicaire apostolique : le successeur de l'évêque Paul avait pour patron saint Pierre. Mgr Puginier, semblait-il, vivait encore au milieu de nous; rien ne paraissait changé à Ké-Sô, où tout parle de lui, fait penser à lui : sa petite maison en bois, couverte en paille, aussi bien que la grande cathédrale où ses restes mortels reposent en attendant la résurrection.

Grâce à Dieu, la perte de Mgr Puginier, si elle fut sensible à tous, n'ébranla personne. Il nous avait répété bien souvent lui-même que Dieu seul donne la victoire... *Confidite, Ego vici mundum.* Chaque missionnaire, après les vacances de 1892, reprit le chemin de son district comme d'habitude. Rien n'était changé : nous comptions un protecteur de plus au ciel !

Hung-Hóa, comme on le sait déjà, était devenu le chef-lieu du quatrième territoire militaire, commandé par le colonel Pennequin. Le résident civil, adjoint au colonel comme administrateur de la province, était lui-même un ancien officier d'infanterie de marine, M. de Goy, que j'avais l'avantage de connaître depuis 1883. Ces messieurs se montrèrent bienveillants pour les chrétiens de Xu'-Doài, si longtemps bousculés par tout le monde. Quand, n'ayant plus à redouter la vengeance des brigands de tout calibre, je revins prendre mes quartiers d'été à Dûc-Phong, les mandarins, me voyant soutenu, ne me cherchèrent plus querelle. De mon côté, je me gardai bien de sortir de mon rôle de missionnaire et je crois n'avoir gêné personne.

Marcher toujours droit devant soi, et ne jouer des coudes... que pour avoir la paix et la liberté de bien faire, c'est le vrai système. Avec les braves gens, non seulement on n'a pas à jouer des coudes ; mais on peut, on doit se les serrer. Un journal du Tonkin, à l'époque, demandait si, à côté du missionnaire, il n'y avait pas place pour le colon. Je fis savoir à l'intéressé qu'*à côté* de moi il y avait en effet de la place, beaucoup de place, mais que *sur* moi il n'y en avait pas.

Le Dôc-Ngû tenait encore le protectorat sur le qui-vive, du côté de la rivière Noire, tandis que, sur le haut fleuve Rouge, les troupes de Yên-Bai étaient obligées nuit et jour de surveiller l'infiltration des bandes chinoises qui, peu de temps auparavant, avaient pillé la chrétienté de Ngâ-Quán, à cinq kilomètres de ce fort d'arrêt. Une vingtaine de femmes et d'enfants chrétiens étaient tombés aux mains des pirates. Après avoir solidement établi son autorité sur les populations des montagnes voisines, le Dôc-Ngû menaçait d'envahir le Thanh-Hoá, où, disait-on, il attendrait et enlèverait au passage le gouverneur général et le vice-roi du Tonkin, qui devaient revenir de Hué à Hanoï par voie de terre. On le crut capable d'exécuter ce plan, car M. de Lanessan et le vice-roi prirent la mer pour revenir à Haïphong.

Cependant le colonel Pennequin, chargé de se mettre à la poursuite du chef rebelle avec des forces insuffisantes, n'avait pas dissimulé à quelques personnes la crainte où il était d'aller au devant d'un échec; mais il avait ordre de marcher, il marcha. Le Dôc-Ngû, qui fuyait devant lui pour l'attirer dans

Marins français et marins indigènes.

des ravins escarpés et des forêts impénétrables, fit brusquement volte-face près de Muoû-Ky et tomba sur la colonne française à laquelle il infligea des pertes sérieuses. Malgré les efforts du colonel, qui tout le temps du combat resta exposé aux balles de l'ennemi, donnant ses ordres avec le plus grand sang-froid, il fallut battre en retraite.

J'étais à Hung-Hóa le jour où nos soldats, éreintés de fatigue, rentrèrent à la citadelle. Chacun disait :

« C'est encore fort heureux qu'on ait pu échapper à un désastre complet. »

Ce nouveau succès marquait l'apogée de la puissance du Dôc-Ngû.

Grisé d'orgueil, le chef rebelle crut pouvoir se permettre d'être arrogant à l'égard des montagnards : les mamelucks et les janissaires du Dôc-Ngû molestèrent par trop les Mans et les Méos, qui finirent par se fatiguer du joug annamite. D'un autre côté, la politique du colonel Pennequin, habilement secondée par M. Vacle, commissaire du gouvernement à Cho-Bo, s'efforçait d'attirer à nous les populations montagnardes en leur promettant une administration particulière, indépendante des mandarins royaux. Ces deux courants d'idées amenèrent le massacre du Dôc-Ngû. Mais comment les choses se passèrent, nul ne le sut bien au juste.

Certain soir du mois d'août, au cercle de Hung-Hóa, sur le bord du fleuve, on s'entretenait de la situation politique et l'on disait que M. Vacle demandait d'urgence qu'on lui envoyât la canonnière *le Jacquin* pour protéger Cho-Bo menacé par le Dôc-Ngû. Or, le lendemain, dans l'après-midi, un billet du résident m'apportait cette nouvelle :

« Le colonel apprend que le Doc-Ngû aurait été massacré par les Mans. »

Pendant trois ou quatre jours, des chefs montagnards présentèrent des têtes à la résidence de Cho-Bo. Chacun disait : « La bonne, la vraie, c'est celle que j'apporte. » Seul, le directeur du service anthropométrique aurait pu s'y reconnaître, et encore ! Quoi qu'il en soit, le Dôc-Ngû était bien mort. Le capitaine de Béchevel, envoyé en reconnaissance du côté de Cù-Dông, sur les lieux où la rumeur publique disait qu'avait eu lieu ce combat des Centaures, trouva effectivement encore des cadavres entassés dans une masure de la brousse. Ci-gît le *Dôc-Ngû* qui nous a tué tant de monde.

Restaient encore ses lieutenants, le *Dôc-Duc* et le *Dôc-Ruc*, sur la basse rivière Noire ; ils vinrent faire leur soumission à Hung-Hóa et à Son-Tây.

Quant au Dê-Kiêu, qui continuait à s'intituler généralissime de l'ouest, il ne voulut se rendre qu'avec tous les honneurs de la guerre. Avec le concours de deux canonnières, *le Moulun* et *le Jacquin,* commandées par MM. les lieutenants de vaisseau Escande et Miron de l'Épinay, le colonel Pennequin organisa une colonne qui commença ses opérations vers la mi-novembre 1892. Les chefs muongs, dont le colonel s'était fait des auxiliaires précieux, gardaient les passages des montagnes et les hauts plateaux, acculant le Dê-Kiêu entre le Rung-Già, cerné par les troupes, et le fleuve Rouge, sillonné par les canonnières. Le colonel s'installa dans une île du lac de Rung-Gia, à Sôn-Nua. Le 26 novembre, des émissaires vinrent lui apprendre que la mère et une partie de la famille du Dê-Kiêu étaient réfugiés au village de Quang-Vûc, sur le Sông-Bûa, à environ trois milles de son confluent avec le fleuve Rouge. Une opération fut combinée et le succès fut complet. On fit une centaine de prisonniers, la plupart parents du chef rebelle. Celui-ci, voyant son territoire envahi, sa famille prisonnière, offrit sa soumission qui fut acceptée.

Pour donner plus d'importance à cet événement, le vice-roi du Tonkin monta lui-même à Hung-Hóa. Le Dê-Kiêu et une centaine de ses pirates, habillés de neuf pour la circonstance, par la bienveillance du protectorat, paradèrent devant le vice-roi et les mandarins provinciaux... qui devaient bien rire, en serrant la main de toutes ces vieilles connaissances. La région de Câm-Khé était pacifiée.

Le colonel Pennequin, justement satisfait de ce beau résultat, se plut à reconnaître les bons services que les curés indigènes de Yên-Tâp et de Du-Bô avaient rendus dans cette affaire. Tout le monde était content.

Depuis lors, le Dê-Kiêu, créé vice-général honoraire, dort sur ses lauriers et mène en toute sécurité la vie d'un seigneur terrien : il plante des caféiers et fait de l'élevage. Conformément à la manie des grands hommes en retraite, il s'est bâti une magnifique habitation à Cât-Trû, son pays natal, et si vous passez un jour par là en montant de Hung-Hóa à Câm-Khé, par la grand'route, vous ferez certainement la rencontre d'un bel Annamite, actuellement âgé d'une cinquantaine d'années qui, avec une bonne grâce exquise, vous fera les honneurs de sa maison. — Pour moi, qui cependant n'*odi* pas le *profanum vulgus,* je n'ai encore pas mis les pieds là dedans !
— Si vous me dites : « Vos scrupules font voir trop de délicatesse, » je vous répondrai : « Il y a tant de gens qui n'en ont point ! »

XXV

Noël 1892 à Duc-Phong. — Visite pastorale de Mgr Gendreau. — Progrès de la pacification sur les bords du fleuve Rouge. — Le *Moulun* à Lao-Kay.

Jamais Hung-Hóa n'avait été aussi vivant, aussi animé que depuis l'arrivée du colonel Pennequin. Chose agréable à constater, tout le monde, légionnaires, tirailleurs, marins, civils et militaires, marchait la main dans la main, et pour personne le missionnaire n'était l'ennemi.

A Noël 1892, le commandant du *Moulun* amena son équipahe à la messe de minuit à Duc-Phong. Le résident et plusieurs officiers de la garnison de Hung-Hóa avaient voulu aussi prendre part à la fête. Vers les onze heures du soir, par une belle nuit étoilée, ces messieurs arrivaient joyeux à la cure, « au repaire de Duc-Phong, » comme ils disaient militairement. En un instant, ma chambre est envahie par les marins qui tous demandent des livres de cantiques :

« Moi, mon Père, je vous chanterai tout ce que vous voudrez, ça me connaît, vous savez, j'ai-z-été enfant de chœur ! » disait un Breton.

Un Provençal se réclamait de Notre-Dame de la Garde :

« Qu'Elle tient un enfant Zésus qu'il est gros comme un homme ! »

Tous avaient des oncles curés, des tantes religieuses.

« Bien, mes amis, tenez, voici l'unique recueil de cantiques français que je possède. »

Et je leur indiquai un ou deux Noëls populaires, croyant qu'avec des braves si bien disposés nous allions avoir des chants magnifiques. Pressé, je sortis pour faire mon sermon aux chrétiens indigènes avant la messe, non sans avoir pris la précaution de placer sous la surveillance de tous et de chacun le panier de provisions que le résident avait apportées pour le réveillon.

La messe commença dans le plus grand silence, continua et s'acheva de même.

Silence sur toute la ligne. Mes gaillards avaient oublié le Recueil de cantiques sur ma table : « C'était plus ça, y avait des notes ! »

Résigné, je quittais mes ornements sacerdotaux à la sacristie, quand tout à coup, sans crier gare, une voix de stentor pousse à pleins poumons :

>   Hélas ! quelle douleur
>   Remplit mon cœur !...

Des *pst* et des *chut* énergiques imposent silence au malheureux soliste.

Pour ne pas rester sous le coup de ce fiasco, je vais querir mon livre et le lieutenant B..., doué d'une fort belle voix de ténor, sauve la situation en chantant le cantique :

>   Les Anges dans nos campagnes
>   Ont entonné l'hymne des cieux.
>   Et l'écho de nos montagnes
>   Redit ce chant mélodieux :
>   *Gloria in excelsis Deo !*

Et tous, de la voix et du cœur, enlevèrent admirablement le refrain :

>   *Gloria in excelsis Deo !*

Après quoi, l'on s'en fut réveillonner gaiement. Quand le

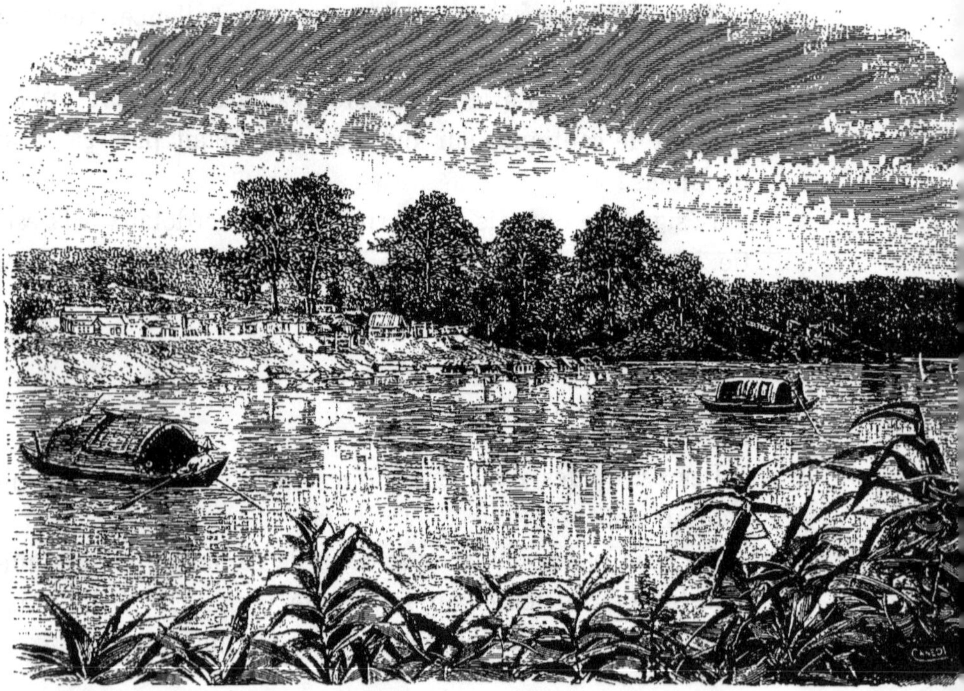

Village annamite sur les bords du fleuve Rouge, en face de Yên-Bai.

champagne du résident eut fini de couler, un malin répéta :

Hélas! quelle douleur!

Et tout le monde de rire.

On se dit cordialement : « Au revoir! A l'année prochaine! »

Cinq minutes après, des bords du fleuve au pied des collines, au milieu du majestueux silence des nuits d'Extrême-Orient, j'entendais encore les voix des Bretons et des Provençaux qui criaient : « Noël, vive la France! » ce cri de joie chrétien a toujours été français. Nos braves marins n'avaient plus besoin de savoir les notes.

Par suite de la soumission du Dê-Kiêu, la province de Hung-Hóa jouissait d'une tranquillité à peu près complète : le district de Xú'-Doài put enfin recevoir la visite pastorale du vicaire apostolique : il y avait quarante ans que cette partie de la Mission du Tonkin occidental n'avait pas vu d'évêque.

Mgr Gendreau, parti de Hanoï le 2 mars, s'arrêtait le soir à Son-Tây pour voir encore le cher P. Idiarth, qui se mourait d'une maladie de poitrine. Le lendemain, le prélat, accompagné du P. Chatellier, continuait son voyage à bord du *Moulun*, canonnière commandée par le lieutenant de vaisseau Escande, qui, avec la plus grande obligeance, s'était gracieusement offert pour le conduire jusqu'au point extrême de son voyage, Du-Bô, au-dessus de Cam-Khé..., si le fleuve Rouge voulait bien se prêter à cette combinaison. Malgré la baisse des eaux, le *Moulun* arriva facilement en vue de Hung-Hóa; mais là un banc de sable l'obligea de rester en panne. Force fut à monseigneur de descendre à terre et de s'arrêter un soir à Hung-Hóa, où le colonel Pennequin et le commandant Bertin lui offrirent la plus cordiale hospitalité.

Depuis que la préfecture de Lâm-Thao, dépendant autrefois de Son-Tây, avait été rattachée à Hung-Hóa, cette dernière ville pouvait être considérée comme la capitale de mon district.

Mais ce titre pompeux n'était guère justifié par le petit nombre des chrétiens qui habitaient la ville et la misérable paillotte qui servait d'église. Cependant, pour recevoir la visite du vicaire apostolique, j'avais orné de mon mieux la pauvre chapelle et, le samedi 4 mars, Mgr Gendreau y célébra la messe à laquelle les officiers et beaucoup de soldats de la garnison se firent un devoir d'assister religieusement. Que Dieu protège toujours l'armée et le drapeau de la France !

Dans l'après-midi, les gens de Duc-Phong, oriflammes déployées et tambours battants, vinrent à la rencontre de monseigneur jusqu'à la porte de la ville. Sa Grandeur monta en palanquin, les deux missionnaires à cheval, et le cortège prit avec entrain le pas gymnastique pendant quatre kilomètres, jusqu'aux collines de Nhang-Nôn. Là, par le flanc gauche, on s'enfonce dans la brousse, à travers des plantations de lataniers, d'arbres à laque et de camélias, sur le vert feuillage desquels se détachent vivement les étendards multicolores flottant au gré du vent.

Arrêtons-nous un instant à l'ombre d'un banian gigantesque et admirons au fond de la vallée un jolie petit lac bleu, emprisonné dans un cercle de collines couvertes de grands arbres à feuilles sombres et à cimes élancées (*cây rôc,* arbre à huile), qui rappellent de loin les sapins des montagnes de France. Pour animer la scène, donnons à nos braves Annamites le signal d'un triple hourra en l'honneur de l'évêque ! Le tambour recommence à battre la marche : encore quelques pentes escarpées à descendre et à grimper..., plus qu'un effort, nous voici à Duc-Phong, où nous plantons ce soir notre tente portant pavillon épiscopal.

Le dimanche matin, après la messe, il nous fallut pour ainsi dire monter à l'abordage sur *le Yunnan,* chaloupe des Messageries fluviales, qui passait devant Duc-Phong en faisant son voyage régulier de Hanoï à Yên-Bai. Non sans peine on débarqua le lundi soir à Tho-Khôi près de Du-Bô, au-dessus de Cam-Khé. Sur la berge stationnait depuis longtemps une foule qui attendait l'arrivée de l'évêque, et quand tout ce monde aperçut la soutane violette, je vous laisse à penser quels cris de joie et quels regards de respectueuse curiosité !

Monseigneur ne pouvait s'arrêter à Du-Bô qu'une dizaine de jours; mais les brebis répondirent avec tant d'empressement à la voix de leur premier pasteur que, dans l'espace d'une semaine, mille six cents chrétiens, accourus de tous les points de cette grande paroisse, vinrent se confesser et faire la communion pascale.

On passait presque toute la nuit au confessionnal. Pendant la journée, il fallait recevoir au parloir les visites incessantes de groupes sans cesse renaissants. Ces pauvres gens désiraient tant voir l'évêque, baiser son anneau, recevoir de sa bouche quelques paroles d'encouragement ! Une autre grande raison d'attraction, c'était la distribution générale de croix et de médailles, de chapelets et de scapulaires, d'images et de livres, avec pilules de médecines diverses, couteaux et lunettes par-dessus le marché ! Un évêque doit être riche. Chacun tendait les deux mains.

Les notables boudhistes de la région tinrent à honneur de venir saluer l'évêque, et les pirates soumissionnaires ne furent pas les moins empressés.

Le jeudi, 16 mars, monseigneur fit ses adieux et descendit à Yên-Tâp. L'affluence au parloir et au confessionnal y fut encore plus considérable qu'à Du-Bô, car les trois mille chrétiens qui dépendent de Yên-Tâp sont répartis sur un territoire relativement restreint. Monseigneur visita successivement le chef-lieu de la paroisse et les deux principales chrétientés, Ta-Xá et Chiêu-Ung. Partout sa présence produisit des fruits de grâce et de salut.

Mgr Gendreau aurait bien voulu pouvoir également parcourir les paroisses de Baû-No, Duc-Phong et Sông-Chây ; mais il devait rentrer à Hanoï pour la bénédiction des saintes huiles, le jeudi saint, et le départ était fixé d'avance au 26 mars.

Quand nous arrivâmes à Son-Tây au milieu de la nuit, on venait de mettre en bière le corps du P. Idiarth, décédé le 25, jour de l'Annonciation, et nous pûmes voir une dernière fois

Pavillon des officiers de la légion à Yên-Bai.

les traits de notre bien-aimé confrère, qui, revêtu de ses ornements sacerdotaux, dormait du sommeil des justes.

Après l'enterrement qui eut lieu le lundi soir, et auquel assistèrent tous les Européens de Son-Tây, monseigneur rentra à Hanoï.

Pour moi, je regagnai Duc-Phong, ayant désormais l'aide d'un confrère, le P. Pichaud, chargé spécialement de la paroisse de Baû-No, dans laquelle se trouvait l'importante ambulance militaire de Viêt-Tri.

D'après les instructions que m'avait laissées monseigneur, je songeai dès lors à installer une résidence à Yên-Bai, où le colonel Pennequin, sa mission achevée à Hung-Hóa, venait de transporter le chef-lieu du quatrième territoire militaire. Hung-Hóa redevenait province purement civile avec un poste administratif à Cam-Khé. Les militaires de la région devenaient inutiles par la mort du Dôc-Ngû et la soumission du Dê-Kiêu. Le Tan-Giât, dans le Ha-Hoà qui donnait encore la main aux Chinois, fut bientôt obligé de se rendre. Il en conçut un tel dépit qu'il mourut quelques jours après.

Que voulez-vous qu'il fît... de mieux pour le pays?

Tous ces changements, amenés par la force des choses, prouvaient du moins que la pacification faisait des progrès et que l'influence française gagnait du terrain dans la vallée du haut fleuve Rouge. Pour bien affirmer l'intention d'en finir avec les Chinois, le colonel, à peine installé à Yên-Bai, fit fouiller le pays par des colonnes volantes et partit lui-même pour la frontière du Yunnan. La saison des hautes eaux était favorable. Le *Moulun*, après avoir franchi trente-trois rapides, parvenait à remonter le fleuve Rouge jusqu'à Lao-Kay où, le premier, il avait l'honneur de montrer le pavillon de guerre de la marine française (10 juin 1892). Le *Jacquin* arrivait également peu après.

Avec ces deux canonnières, le colonel put faire une apparition au-dessus de Lao-Kay (24 juin) en face des Chinois qui, malgré les traités, nous contestaient le droit de navigation sur la rive droite.

L'effet moral de cette démonstration navale dut certainement frapper l'esprit des mandarins. Quant aux bandes pirates, elles n'y donnèrent pas beaucoup d'attention; elles auraient mieux prêté l'oreille au son des piastres.

Il me fallait donc suivre le mouvement ascensionnel vers Yên-Bai, situé à peu de distance au-dessus de Tuân-Quan, ancien poste de Pavillons-Noirs sur la rive gauche du fleuve Rouge. Sur ce point stratégique important, le génie militaire venait de construire un fort destiné à arrêter l'invasion chinoise dans la vallée du fleuve Rouge, comme Tuyên-Quang devait avoir le même rôle dans la vallée de la rivière Claire.

Le *Moulun* devant Bao-Ha, en remontant à Lao-Kay.

De Hanoï à Lao-Kay, on compte trois cents kilomètres : Yên-Bai, à moitié chemin, sert de trait d'union entre le Delta et le Yunnan. C'est là que les jonques de commerce de Man-Hao descendent attendre les marchandises apportées de Haïphong par les chaloupes à vapeur des Messageries fluviales, qui toute l'année peuvent remonter régulièrement jusqu'à Yên-Bai en aval des rapides.

XXVI

Yên-Bai, chef-lieu du quatrième territoire. — Le colonel Pennequin et l'église de Yên-Bai. — Généreux concours des troupes. — Pour nos soldats! — Saint Michel et l'Œuvre de l'aumônerie coloniale. — Le jeudi saint à bord du *Moulun*. — Service funèbre pour les morts du quatrième territoire.

Selon toutes les probabilités, la pacification du pays devait faire de Yên-Bai un centre important, à la condition que les Annamites du Delta consentissent à s'y installer. En général, ils ont de la répugnance pour la haute région, où la fièvre des bois les attaque toujours plus ou moins. Les commerçants se hasardent encore assez facilement à vendre du sel, de la saumure de poisson et à y acheter du faux gambier et différents autres produits des pays muongs ; mais on ne s'installait pas d'une façon définitive au-dessus de Tuân-Quan. Il fallait essayer d'attirer pacifiquement vers cette région fertile et presque inhabitée le trop-plein de la population du Delta. Le colonel Pennequin, habile administrateur, pensa que la présence du missionnaire pouvait y aider, et il me promit son bienveillant concours pour l'installation de la mission à Yên-Bai.

Depuis longtemps déjà, en voyant l'importance des postes militaires de la haute région, je regrettais de n'avoir pas les moyens de porter les secours spirituels à tous ces braves soldats, pour la plupart catholiques, qui souffraient, bataillaient et mouraient sans prêtre, sans consolation religieuse. De plus, tout autour de Yên-Bai, il y avait encore quelques petites chrétientés qui dépérissaient de jour en jour par suite de l'éloignement du prêtre. Le curé de Du-Bô, dont elles dépendaient, ne pouvait pas les visiter bien souvent.

Toutes ces raisons nécessitaient la présence d'un missionnaire à Yên-Bai. Aussi, tout en me laissant encore pour quelque temps la charge du district, Mgr Gendreau me donna mis-

Jonques chinoises transportant des marchandises du Tonkin au Yunnan.

sion d'aller explorer le terrain ; et, après avoir célébré la fête de l'Assomption 1893 à Du-Bô, je m'en fus à Yên-Bai, où tout le monde m'accueillit avec plaisir. Plus heureux qu'à Tuyên-Quang, je fis sans trop de difficultés l'acquisition d'un emplacement convenable et, le 10 octobre, je donnai le premier coup de pioche pour les fondations d'une église catholique franco-annamite que déjà, dans mon cœur, je dédiais à l'archange saint Michel, patron de la France. Je n'étais riche que d'espérances, mais j'avais la foi.

Je me fis mendiant. Une tournée dans les popotes d'officiers, à commencer par celle du colonel, remplit une première fois mon sac de misère. Je rentrai chez moi avec des piastres, que je convertis en briques, sable et chaux.

Comme entrepreneur de bâtisse, l'expérience me faisait absolument défaut, et je ne tardai pas à me rendre compte de la rapidité de la baisse des fonds, en même temps que de la lenteur de l'élévation des murs. Mais Dieu n'abandonne pas les siens.

Le colonel me sauva en organisant une souscription dans le quatrième territoire militaire. Voici en quels termes sa circulaire du 19 octobre recommandait l'œuvre :

« Je n'ai pas besoin de présenter le P. Girod que vous connaissez tous. Il a rendu de grands services pour la pacification du pays, et m'a beaucoup aidé à obtenir ce résultat sans que nous ayons eu à déplorer de pertes d'hommes. Le P. Girod fixe sa résidence à Yên-Bai, et, sans aucune rétribution du gouvernement, sans distinction de religion, prodigue aux malades éloignés de leur famille les consolations dont ils ont besoin sans chercher à s'imposer... »

Les officiers, sous-officiers, soldats et civils du quatrième territoire répondirent généreusement à l'appel en m'envoyant leur obole pour la construction de l'église de Yên-Bai. Les tirailleurs tonkinois, boudhistes pour le plus grand nombre, voulurent en cette circonstance témoigner leur respect pour le missionnaire français, l'ami de leur pays. La compagnie du capitaine Diguet en particulier souscrivit tout entière, homme par homme. Que saint Michel récompense ces braves gens en ce monde et en l'autre !

Afin de m'aider encore plus moralement que pécuniairement, le colonel adressa même au gouverneur général une demande d'allocation de cent piastres pour la construction de la chapelle destinée aux troupes de Yên-Bai; mais l'administration à son grand regret, je n'en doute pas, ne put accorder ce secours.

Le budget du protectorat, à l'article « frais du culte », ne vise que les monuments et cérémonies boudhiques ; et la réfection de la pagole du grand Boudha, à Hanoï, avait tout absorbé.

Obligé de me débrouiller pour me procurer le nerf de la guerre, l'argent, si mauvais maître mais si bon serviteur, je

Église de Saint-Michel à Yên-Bai.

me battis les flancs, et conformément au dicton classique : *audaces fortuna juvat*, je pris la plume pour frapper aux portes et faire ouvrir les bourses. Métier ingrat, mais... aide-toi, le Ciel t'aidera. Si je fus rebuté là où j'espérais le plus, au moins quelques âmes généreuses vinrent à mon aide, et la reconnaissance m'oblige à citer, parmi les bienfaiteurs de l'église de Yên-Bai, M. le colonel en retraite de Pouvourville, de Nancy; Mme Gourdiat-Gonindard, de Lyon; et la sœur d'un pauvre petit sergent mort au Tonkin, Mme de Lachasse, qui, au fond de l'Amérique, n'oublie pas le coin de terre annamite où dort son frère bien-aimé.

Les *Missions Catholiques,* la *Semaine Religieuse* de Saint-Claude, et quelques journaux catholiques me procurèrent aussi des secours. L'*Espérance de Nancy*, en particulier, publia un article de circonstance dans lequel un ancien officier de la légion au Tonkin dépeignait ainsi le délaissement moral de nos braves soldats :

« Ces soldats français, ces légionnaires privés de tout secours religieux, de toute parole réconfortante, sont pour la plupart des fils et des frères de Lorrains, d'Alsaciens et d'annexés; j'ai souvent déploré que leur abnégation et leur dévouement n'aient pas trouvé à l'heure dernière la promesse de la récompense prochaine. Quand j'avais l'honneur de commander à ces braves gens, je les ai vus venir à moi par dizaines, fatigués de corps et d'esprit, malades, moribonds; il leur semblait sans doute qu'ils étaient moins seuls auprès d'un compatriote qui, bien vite, devenait leur ami plutôt que leur chef; mais si soulagés qu'ils pussent être de ma présence, combien durement je sentais mon insuffisance et mon inexpérience, et quel réconfort ma parole de soldat pouvait-elle apporter à leurs âmes inquiètes !

« Rien de plus triste que cette solitude; je n'ai pas de souvenir plus poignant que ces jours d'épidémie et de deuil où nos soldats, privés de tout, prenaient leur chef pour leur confident, et où les cérémonies funèbres, hâtives et désolées, se bornaient à un *De Profundis* à voix basse, prononcé par l'officier servant de prêtre au bord des tombes. »

Le résultat le plus pratique et le plus durable de cette publicité fut d'émouvoir le cœur d'une femme vraiment chrétienne,

Mme Giraud-Novallet, présidente des dames de la Croix-Rouge de Lyon, toute dévouée aux œuvres militaires. A la lecture d'une lettre publiée dans les *Missions Catholiques,* la grâce de Dieu lui fit comprendre que les mères, les femmes et les sœurs de soldats avaient une véritable mission à remplir en procurant à nos troupes d'outre-mer autre chose que des pipes, du tabac et des confitures... toutes choses très bonnes d'ailleurs.

Il y avait à créer une œuvre spécialement destinée à soutenir les efforts des missionnaires pour assurer les secours religieux aux postes et ambulances privés de prêtre; autrement dit, il fallait créer l'œuvre de l'aumônerie volontaire coloniale. Mme Giraud-Novallet n'hésita pas et, n'écoutant que son zèle et son dévouement, elle commença aussitôt sa campagne catholique et française sous la direction d'un prêtre au cœur d'apôtre et de soldat, M. Lesserteur, ancien missionnaire du Tonkin, directeur au séminaire des Missions-Étrangères. L'œuvre de l'aumônerie coloniale, à peine née d'hier, a déjà pu soutenir efficacement nos seigneurs les vicaires apostoliques du Tonkin occidental et du Haut-Tonkin pour le service religieux des ambulances, en particulier à Tuyên-Quang et à Lao-Kay, comme nous le verrons bientôt.

Pour le moment, tâchons de mener à bien la construction de l'église de Yên-Bai. Au départ du colonel Pennequin (novembre 93), remplacé par le colonel Servières, le plus gros du travail est fait. Le nouveau commandant du quatrième territoire se montre aussi bienveillant que son prédécesseur, et pendant qu'il est occupé, dans la haute région, à guerroyer contre les bandes chinoises qui infestent le pays, j'ai la bonne fortune d'avoir à Yên-Bai comme commandant du cercle un compatriote comtois, le lieutenant-colonel Préfet, un excellent homme.

Grâce à la bonne volonté de tous, le jour de Pâques, 25 mars 1895, je pus célébrer la messe dans une des chapelles latérales, provisoirement couverte en paillottes. Tous les officiers et la plus grande partie des troupes de la garnison, ainsi que l'équipage du *Moulun,* y assistaient. A l'élévation les clairons sonnèrent et les tambours battirent aux champs. De braves légionnaires prêtèrent à la cérémonie le concours de leurs voix mâles et fières pour chanter l'*Alleluia* en l'honneur du Christ ressuscité.

Daigne Dieu, qui a fait les nations guérissables, rendre à notre chère patrie la vivacité de cette vieille foi chrétienne qui a fait sa gloire et sa force !

Le jeudi saint m'avait déjà apporté une patriotique consolation. M. le lieutenant de vaisseau Escande, commandant du *Moulun,* un marin pour qui la devise *Honneur et Patrie* n'exclut pas le Dieu des armées, m'avait demandé de célébrer la messe à bord. Le pont de la canonnière avait été transformé en chapelle et le pavillon national flottait au-dessus de l'autel, abritant la croix de ses plis. Les chrétiens indigènes des environs de Yên-Bai qui avaient obtenu la permission de monter tous à bord, hommes, femmes et enfants, étaient émerveillés de voir enfin des Français faire un acte de foi public en présentant les armes à l'Évangile.

Aussi les fêtes de Pâques 1893 produisirent-elles à Yên-Bai une heureuse impression sur tous les esprits. Dès que la chose fut possible, je voulus payer ma dette de reconnaissance à l'armée en célébrant un service solennel pour les morts du quatrième territoire.

Cette cérémonie eut lieu le 3 avril. L'église, décorée d'écussons, de trophées, d'armes et de verdure, le catafalque recouvert du drapeau tricolore et entouré d'une haie de sabres, baïonnettes servant de candélabres, présentaient un aspect religieux et patriotique des plus saisissants.

Chacun se fit un devoir de venir apporter aux camarades morts à l'ennemi ou à l'ambulance un souvenir d'ami, une prière de chrétien. Ce jour-là, plus que jamais, les liens de confraternité se resserrèrent étroitemeut entre le soldat et le missionnaire, et le glorieux saint Michel se chargea lui-même bientôt de sceller cette union. Un généreux catholique, ami du Tonkin, M. Romanet du Caillaud, avait fait don à Mgr Puginier d'une magnifique statue de saint Michel, haute de deux mètres, pour être placée sur le sommet du mont Ba-Vi et en déloger le diable.

Les circonstances n'ayant pas permis de remplir cette intention, la statue, provisoirement déposée dans une chapelle de la cathédrale de Hanoï, attendait un emplacement digne d'elle. Nul ne convenait mieux que Yên-Bai, et je fis valoir auprès de Mgr Gendreau toutes les raisons religieuses, politiques et militaires qui indiquaieut Yên-Bai à son choix.

Avec l'assentiment du donateur, Sa Grandeur m'envoya la statue de saint Michel, qui prit militairement possession de sa niche... non, de sa guérite, au-dessus et un peu en arrière du maître-autel. Les jours de grandes fêtes, cette magnifique statue représentant l'archange en chevalier armé de pied en cap semble saluer du sabre les officiers et soldats français debout devant lui, face à l'autel. Vive saint Michel! vive l'armée!

XXVII

Petite guerre de religion entre soldats et missionnaires. — La légion étrangère. — Le légionnaire alsacien. — La mort du soldat chrétien. — Un rengagé qui a bon cœur. — Pour la poutre du clocher et l'enterrement solennel. — La chrétienté de Phuc-Loc.

Pendant le temps que je passai à Yên-Bai pour surveiller les travaux de l'église, je me trouvai plus que jamais en relations avec les militaires, officiers et soldats, légionnaires et tirailleurs, et je ne surprendrai personne en disant que nous faisions très bon ménage ensemble. On venait assister à ma messe les dimanches et jours de fête ; mais il me fallait aller dîner à tour de rôle dans toutes les popotes. Bon moyen d'éviter les frais de table et en même temps de donner quelques instructions religieuses. Que voulez-vous ? on fait ce qu'on peut, à la guerre comme à la guerre ; on ne prêche pas toujours du haut de la chaire ! Je payais mon écot sans passer par le quart d'heure de Rabelais en acceptant de bonne grâce la discussion sur la théologie, l'histoire et la politique, quand et comme elle se présentait, le plus souvent à brûle-bourre et à bout portant.

« Beau sire Dieu, convertissez tous mes contradicteurs et amis, à commencer par le vieux capitaine Deleval qui m'a si charitablement hébergé, quand je n'avais pas encore de maison à Yên-Bai ! »

Comme on le pense bien, c'est surtout aux malades de l'ambulance que la fréquentation du missionnaire faisait quelque bien spirituel. Presque tous les mourants européens reçurent avec foi les derniers sacrements, et plusieurs tirailleurs boudhistes demandèrent le baptême *in articulo mortis*.

Malheureusement je n'avais pas beaucoup d'action sur le gros des troupes de la garnison, composée en partie d'étrangers, Allemands, Belges, Suisses, et de Français tous plus ou moins ex-enfants prodigues. A part les jeunes Alsaciens-Lorrains, engagés pour ne pas servir l'Allemagne et conquérir la naturalisation française, demandez à l'un d'entre eux pourquoi il est à la légion, il vous répondra sans fausse modestie : « Oh ! pour sûr, ce n'est pas pour mes vertus ! » et si vous lui inspirez quelque confiance, le plus souvent le pauvre garçon vous contera tristement ce qu'il appelle ses péchés de jeunesse. « *Vinum et mulieres*, dit la sainte Écriture, voilà ce qui cause la perte de l'homme. » Hélas ! pauvre humanité !

Mais, en campagne, le légionnaire est un soldat incomparable. Quelle endurance des privations de toutes sortes ! Quelle courage au feu ! Quel mépris de la mort ! Je dirai même : quelle abnégation dans le sacrifice de la vie ! car n'allez pas le prendre pour un vil mercenaire, ce légionnaire, qui meurt simplement en saluant le drapeau tricolore, pour lui emblème d'une famille plus que d'une patrie.

L'officier-poète du *Sursum corda* a bien raison d'affirmer que :

> Jamais garde de roi, d'empereur, d'autocrate,
> De pape ou de sultan, jamais nul régiment
> Chamarré d'or, drapé d'azur ou d'écarlate
> N'alla d'un air plus mâle et plus superbement.
>
> Je sais où retrouver à leur suprême étape
> Tous ceux dont la grande herbe a bu le sang vermeil,
> Et ceux qu'ont engloutis les pièges de la sape,
> Et ceux qu'ont dévorés la fièvre et le soleil.

> Si parfois dans la jungle où le tigre vous frôle,
> Et que n'ébranle plus le bruit du canon,
> S'il vous semble qu'un doigt a touché votre épaule,
> Si vous croyez entendre appeler votre nom...
>
> Soldats qui reposez sous la terre lointaine...
> . . . .
> Dites, c'est Borelli, notre bon capitaine...
> Qui se souvient de nous et qui compte ses morts...

Mais dites-vous aussi, ou plutôt, mes pauvres amis, ressentez que l'on prie encore pour vous ! Dans la fin de siècle égoïste où la société actuelle se traîne si lâchement, bien de nos « honnêtes bourgeois » pourraient aller prendre des leçons de *savoir-mourir* à la légion étrangère !

En voici un exemple, qui en résume beaucoup d'autres semblables :

A Yên-Bai, parmi les soldats de la garnison, qui aimaient à venir me conter leurs misères, parler du pays, demander un livre, se trouvait un jeune Alsacien nommé Émile Kurtz. Pour ne pas être obligé de servir contre la France, il avait dit adieu à sa vieille mère et à son beau pays d'Alsace, et après avoir essayé de la vie religieuse il s'était engagé à la légion. Bon cœur, mais mauvaise tête, il se laissait facilement entraîner, et plus d'une fois il fit de la salle de police pour indiscipline. Heureusement, ses convictions religieuses et le souvenir de sa famille le ramenaient dans le droit chemin. Sans cela, notre ami risquait fort de mal tourner, car, tout en n'aimant pas à se laisser marcher sur les pieds, il ne fuyait pas toujours l'occasion de lever le coude. La raison, soutenue par la pratique des devoirs religieux, finit par triompher de ce caractère orgueilleux et de ce tempérament violent.

Émile Kurtz n'avait plus qu'une idée fixe : se conserver bon chrétien, mais « cogner » sur les pirates pour passer caporal. Toutes les fois que l'on formait une colonne pour poursuivre les bandes de Chinois qui infestaient la région, il brûlait d'envie d'en faire partie, et, quand c'était son tour de marcher, il prenait la sage précaution de venir auparavant mettre ordre à ses affaires de conscience.

En décembre 1894, il fut désigné pour la colonne qui devait faire une battue entre Bao-Hà et la frontière du Yunnan sous

L'ambulance de Yên-Bai, vue de l'intérieur du fort.

les ordres des commandants Goutenègre et d'Aubignosc. Avant de quitter Yên-Bai, il vint recevoir la sainte communion pour faire bonne provision de forces spirituelles, et dans sa visite d'adieux il me dit courageusement :

« Cette fois-ci, je me ferai casser la tête ou je reviendrai caporal. »

Je lui donnai un scapulaire et un chapelet neufs pour le mettre à l'abri des ennemis visibles et invisibles. La nuit, en faction dans la brousse, seul au milieu des tigres et des pirates, le soldat chrétien a besoin de sentir la protection de Marie sur lui. Kurtz me pria de lui expliquer la *théorie* de la contrition parfaite, afin d'être toujours prêt, en cas de besoin et en l'absence du prêtre, à paraître devant le Juge. Par un triste pressentiment, il me laissa l'adresse de sa vieille mère, là-bas en Alsace, me faisant promettre de lui écrire en cas d'accident. Puis, tout étant réglé, Kurtz me serra la main et partit joyeux avec les camarades.

Le 31 décembre, il se souvint de son ami l'aumônier et griffonna au crayon sur un mauvais morceau de papier ses souhaits de nouvel an. Il ajoutait en post-scriptum :

« Mon Révérend Père, veuillez prier beaucoup pour moi... En ce moment nous sommes au bivouac à environ quatre kilomètres devant une position presque imprenable, à une vingtaine de kilomètres de Lao-Kay, et nous attendons du renfort pour avancer. Comme je vous l'ai dit, mon Révérend Père, en cas d'accident, veuillez prévenir aussitôt ma chère mère. Mais espérons que notre très sainte Mère du ciel ne m'abandonnera pas dans l'épreuve, puisqu'Elle nous l'a promis, et nous savons qu'Elle tient sa promesse. Au revoir, mon Révérend Père, si ce n'est en cette vie, du moins en l'autre. »

Quand je reçus ce billet, en rentrant de la retraite à Ké-Sô, mi-janvier 1895, mon pauvre petit Kurtz dormait déjà son dernier sommeil. Le 11, au combat de Lang-Bai, il avait été tué raide d'une balle au front. Un camarade, qui l'ensevelit sur le champ de bataille, me rapporta que Kurtz était mort le fusil et le chapelet à la main... en soldat et en chrétien. L'enfant de l'Alsace n'avait eu qu'un regret : ne pas tomber à la frontière des Vosges, au jour de la revanche... dont on parle quand même !

Voulez-vous encore une histoire de légionnaire ? moins triste celle-ci, comme son héros, Alsacien de Paris, sans accent tudesque et avec l'esprit de la capitale, bon cœur compris.

Ce modeste soldat de première classe, faisant fonctions d'in-

Yên-Bai. — L'ambulance militaire, le quai et l'agence des Messageries fluviales.

firmier auxiliaire à l'ambulance de Yên-Bai, venait de toucher sa prime de rengagement, et ma foi, par suite d'une petite station chez le Chinois du coin et chez celui d'en face, il se trouvait plus jovial que de coutume quand il se présenta chez moi, la moustache en bataille, le casque sur l'oreille droite.... fixe... salut militaire...

« Excusez, *mon* Perr, si je vous dérange; mais, en passant devant votre *presbyterr...*, vous comprenez que je tiens essentiellement à vous présenter mes hommages...

— Très bien, mon brave Dausch, je vous remercie; mais dites donc? entre nous, vous m'avez l'air d'avoir fait une petite noce...

— Parfaitement, mon Perr..., l'air et la chanson; mais j'suis pas juif, et j'vous prie de croirr que c'est avec mes argents que je la paye, la noce, quand j'la fais... pas souvent, vous savez? mon Perr... Seulement, s'agit pas d'ça...

— Eh bien, voyons, asseyez-vous, de quoi s'agit-il?

— De quoi que s'agit? s'agit de la poutre, de la poutre pour la cloche... Paraît que vous n'avez plus le sou, mon Perr... »

Et notre brave légionnaire, allongeant la jambe droite en donnant un bon coup de talon qui fait trou dans le sol bétonné, campe solidement l'épaule gauche contre le dos de sa chaise, et plongeant la main dans la poche, il en retire une belle piastre toute neuve :

« Tenez, mon Perr, voilà pour la poutre... *Motus*, pas de remerciements !... Maintenant, continua-t-il en changeant subitement de ton, maintenant, monsieur l'aumônier, si c'était un effet de votre bonté, je voudrais vous demander un service... Vous connaissez bien ce pauvre X..., un si bon type? c'était mon ami... Ah! malheur de malheur. Eh bien! voilà l'autr' qui me dit qu'y vient de casser sa pipe à l'hôpital d'Hanoï... Y mange maintenant les bananiers par la racine, comme on dit, nous autres, à la légion;... mais c'était mon ami, vous savez, monsieur l'aumônier, là, au cœur... et je voudrais que vous disiez une messe pour le repos de son âme!

— C'est bien, mon brave, demain je dirai la messe pour votre ami.

Balcon suspendu sur un banian, au poste de Hien-Luong, près Duc-Quân.

— Merci, mon Perr; mais... combien que ça coûte une messe?

— Tranquillisez-vous, je prendrai l'honoraire sur la piastre que vous venez de me donner.

— Ah! mais non, alors, pas de ça... c'est que, je vais vous dire, mon Perr, on fait les choses ou on ne les fait pas et, comme dit l'autre, ceux qui sont morts sont morts, faut leur rendre les derniers devoirs... J'inviterai les camarades, et, vous comprenez, je voudrais quelque chose de réussi, comme qui dirait un enterrement... général ! »

Il ne fallait pas rire, car, de fait, ceux qui sont morts sont morts.

« Bien, mon cher Dausch, j'ai votre affaire. Dans quelques jours je dois précisément célébrer un service solennel pour tous les morts du quatrième territoire, prenez patience; pour le moment, je n'en ai pas les moyens... »

Je voulais parler des différents objets : draps mortuaires, tentures, cierges, que j'étais en train de me procurer.

Dausch comprit différemment :

« Pas les moyens !... ah ?... eh bien, moi, je les ai. »

Et se levant brusquement, il tira encore de sa poche trois ou quatre piastres qu'il posa sur le coin de ma table, en affirmant ses sentiments par un coup de poing énergique qui fit tinter ses écus. C'était irrévocable.

J'eus beau lui dire qu'il m'avait mal compris ; Dausch ne voulut rien entendre :

« *Barca*, monsieur l'aumônier ; gardez tout, je vous dis. J'ai plus soif, je vous jure ; mais si vous refusez mes argents, tenez, je rapplique chez le Chinois et, ma foi, je ne réponds plus de rien. »

Là-dessus, le brave garçon m'embrassa, « sauf vot' respect, » et deux de mes confrères, les PP. Chatellier et d'Abrigeon, furent, comme moi, honorés de la chaude accolade du légionnaire..., qui s'en alla fier comme d'Artagnan, la tête haute, l'air conquérant...

Le lendemain, à l'heure de ma visite à l'ambulance, Dausch avait encore un peu mal aux cheveux ; je m'approchai de lui discrètement et lui pris la main pour lui rendre ses piatres, *ses argents,* comme il disait :

« Non, non, monsieur l'aumônier, je sais ce que je sais, et, pour une fois que j'ai bien fait après boire, c'est pas une raison pour me dédire... »

Voilà le légionnaire ! Bien des curés de France n'ont pas beaucoup de paroissiens comme ça !

Mon ministère d'aumônier volontaire sans traitement ne m'empêchait pas de remplir mon devoir de missionnaire ambulant, et je continuais à courir à droite et à gauche selon les besoins des chrétientés de mon district. Mgr Gendreau, voyant

Paysans traversant le lac.

que j'avais plus d'ouvrage que je n'en pouvais faire, avait confié le soin de deux paroisses de Baù-No et Duc-Phong aux PP. Pichaud et Brossier ; et pour l'administration des trois paroisses supérieures, Sa Grandeur m'avait adjoint un jeune confrère qui ne rêvait que pays sauvages et croisades à cheval, le P. d'Abrigeon. Je pouvais donc plus facilement m'occuper de l'installation de Yên-Bai et des chrétientés voisines.

Duc-Quân, situé sur le bord d'un petit lac, comptait soixante-quinze vieux chrétiens, qui recevaient souvent ma visite. Ces braves gens en avaient besoin pour ne pas se laisser écraser par les notables boudhistes de leur commune. Ils se ressaisirent peu à peu et reconstruisirent une très jolie église en beau bois noir sur l'emplacement de l'ancienne, incendiée par les pirates. A Hoa-Quân, commune très étendue, il ne restait plus qu'une seule famille ayant conservé la religion. Depuis vingt-cinq ans, les troubles continuels qui désolaient le pays avaient causé des ravages parmi les brebis de cette région à moitié sauvage. Un vieux pirate, chef de canton influent, appesantissait son joug cruel sur cette population malheureuse. En voyant le missionnaire s'installer à Yên-Bai, ces pauvres gens reprirent courage et vinrent me prier de les aider à sortir de leur triste situation. Grâce à la bienveillance de l'autorité militaire, les plaintes des opprimés ne furent pas vaines. La commune de Hoa-Quân fut scindée en deux, dans l'intérêt de tous, et même le fisc y trouva son compte. La partie supérieure forma la nouvelle commune de Phúc-Lôc; presque tous les anciens chrétiens revinrent à la pratique religieuse, et j'eus la consolation de verser l'eau du baptême sur le front d'une vingtaine d'adultes. Je fis construire une modeste chapelle en bambous, et aujourd'hui la chrétienté de Phúc-Lôc est en bonne voie de progrès. *Deus autem incrementum det!*

XXVIII

Premier voyage à Lao-Kay. — La vallée du haut fleuve Rouge. — Les moines dans la brousse. — Postes militaires. — Messe dans la vieille citadelle de Luu-Vinh-Phúc. — Le 24 juin 1894. — Entre vieux amis. — Attentat contre Mgr Gendreau. — M. de Lanessan et les missionnaires. — La cloche de Yên-Bai.

Les nombreuses occupations que me donnaient la construction de mon église, la visite des chrétientés et le soin des malades de l'ambulance, ne m'avaient pas encore permis de pousser mes explorations jusqu'à la frontière du Yunnan. Au mois de juin 1894, il me fut enfin donné de réaliser mon désir.

Le mardi 19, je m'embarquai à Yên-Bai sur le *Bao-Hà*, chaloupe à vapeur des Correspondances fluviales du Tonkin qui, pendant la saison des hautes eaux, remonte assez régulièrement une fois par semaine de Yên-Bai jusqu'à Lao-Kay. Quand tout va bien, le *Bao-Hà* file vite et doit effectuer en deux jours ce petit voyage de cent cinquante kilomètres, malgré les difficultés de nombreux rapides. Mais il faut toujours compter avec l'imprévu et les accidents de machine, ce qui fait qu'au lieu de deux jours le voyage bien souvent en dure quatre. C'est du moins ce qui m'arriva.

J'eus donc tout le temps d'admirer la magnifique sauvagerie de la vallée du fleuve Rouge, qui à partir de Yên-Bai va en se rétrécissant de plus en plus comme un long couloir formé par de hautes montagnes boisées. Sur quelques points la forêt vierge a été balayée par l'incendie et, à travers les troncs d'arbres calcinés, poussent du maïs et du riz de montagne que plantent les Mans et les Thôs, tribus plus ou moins nomades ou sédentaires qui forment la population de ces vastes régions, pays de fauves autant que d'hommes.

Le soir, appuyé sur le bastingage de la chaloupe, je prenais l'air, en récitant mon chapelet pour la conversion de ce pays neuf, et pendant que mon compagnon de voyage, un inspecteur de la milice, fumait l'opium au salon, moi je rêvais aux moines, aux Trappistes, qui seuls peuvent débroussailler et mettre en culture cette région boisée où trouverait place le trop-plein de la population du Delta. C'est mon idée fixe : *Ense, Cruce et Aratro !* Pourquoi les vieux moines d'Occident, ces grands défricheurs de l'Europe, n'enverraient-ils pas bientôt quelques détachements dans le Haut-Tonkin où d'immenses solitudes les attendent pour être transformées en champ de progrès chrétien par le travail et la prière ? Le pauvre missionnaire isolé n'est qu'un simple éclaireur à pied ou à cheval (en bateau pour le moment), allant à la découverte de l'ennemi, pour lui montrer le glorieux fanion du Christ et au besoin lui tirer à bout portant quelques bons coups... de parole évangélique. Mais si le gros de l'armée n'arrive pas avec l'artillerie de campagne, l'éclaireur doit tourner bride ou mourir sans profit. Et puis, le pays une fois conquis, il faut l'organiser, créer des centres de ralliement et de ravitaillement, etc. On ne fera jamais tout cela sans les moines. *Rogate ergo Dominum messis ut mittat operarios.* Oh ! comme on serait tranquille à l'ombre d'un monastère gothique, abrité derrière de bons créneaux contre les incursions des barbares chinois ! On y viendra. En attendant, ce sont des postes militaires avec blockaus, qu'on trouve échelonnés d'étape en étape sur les deux rives du fleuve.

Ordinairement le *Bao-Hà,* qui ne voyage pas la nuit, s'arrête le soir devant le poste dont il porte le nom, ce qui permet

Le confluent du Nam-Thi aux hautes eaux.
1. Song-Phong. 2. Lao-Kay.

aux personnes de distinction de passer la soirée chez le commandant : rien de bon comme l'hospitalité militaire! Le lendemain au point du jour, le vapeur continue sa course, faisant escale un instant de ci de là pour remettre ou prendre les correspondances et les passagers... Enfin... enfin... après avoir franchi plus ou moins facilement une trentaine de rapides, nous arrivons à Lao-Kay par une belle matinée ensoleillée, qui nous permet de jouir d'un magnifique coup d'œil.

Bâtie en pisé sur le flanc d'un mamelon au confluent du Nam-Thi, sur la rive gauche du fleuve Rouge, la citadelle de Luu-Vinh-Phùc, avec ses remparts et ses tours carrées, rappelle de loin les vieilles fortifications du moyen âge. Mais elle a le tort d'être dominée par les hautes montagnes de la frontière chinoise, au sommet desquelles sont perchés des forts d'aspect plutôt gênant. On les dit mal armés : c'est très heureux pour le poste français de Lao-Kay, qui sans cela pourrait être bombardé en un clin d'œil. Le fouillis de cases sur pilotis, que nous apercevons sur la rive droite du Nam-Thi, n'est autre chose que la ville chinoise de Sông-Phong (nom officiel Hô-Kéou), un repaire de pirates, qui vivent là bien tranquilles avec la complicité de leurs alliés naturels, les mandarins impériaux.

Au débarcadère, je suis reçu par un vieux colonial, toujours prêt à rendre service aux missionnaires, M. Dupont, agent des Correspondances fluviales du Tonkin, qui me pilote chez le commandant d'armes. Je n'avais pas encore eu l'honneur de rencontrer le commandant Gouttenègre; mais la première poignée de main que j'échangeai avec ce brave et loyal soldat fut plus qu'une banale civilité.

Ma deuxième visite fut pour l'ambulance, établie sur la rive droite du fleuve Rouge. Comme installation, ce n'était guère confortable. Il y avait cependant déjà dix ans que nous occupions Lao-Kay. Nos pauvres soldats malades me reçurent avec bonheur, et je donnai les secours religieux à quelques-uns d'entre eux. Je me rappelle en particulier un pontonnier, natif de Saint-Claude, réduit à la dernière extrémité par une dysenterie compliquée d'une nostalgie désespérée.

Sans la grâce du sacrement de l'Extrême-Onction, je crois bien que ce pauvre Jurassien n'aurait jamais revu les bords de la Bienne et ne fabriquerait plus de pipes en buis avec un bout d'ambre.

L'ancienne citadelle de Lao-Kay.

Le dimanche 24 juin, fête de la Nativité de saint Jean-Baptiste, je célébrai pour la première fois le saint Sacrifice à Lao-Kay. Tous les Européens catholiques, militaires et civils, y assistèrent. La circonstance exigeait une allocution ; je rappelai tout simplement quelle vocation notre chère patrie avait à remplir et comment, à la frontière extrême du Tonkin, nous devions tous travailler à étendre le règne de Dieu en nous montrant dignes enfants de la nation très chrétienne : Français sans peur, chrétiens sans reproches.

En compagnie d'un officier de la légion, je visitai les tombes des soldats français sur les mamelons près de la citadelle. Qu'il est triste de songer que tant de braves gens sont morts sans prêtre pour leur montrer le ciel! Si les circonstances me le permettent dans la suite, je suis tout prêt à me fixer ici comme aumônier volontaire. Mais aujourd'hui l'heure n'est pas encore venue.

Le 25 juin, je redescendis à Yên-Bai. A l'arrivée, quelque chose d'insolite frappa aussitôt nos regards : le drapeau qui flotte sur le fort, ainsi que les pavillons des Fluviales, de la poste et de la douane, sont en berne... Une affreuse nouvelle : le président de la République vient d'être assassiné à Lyon... Pauvre France!

Pendant le mois de juillet, le P. d'Abrigeon me remplaça auprès des malades de l'ambulance de Yên-Bai, et je pus prendre à Phùc-Nhac quelques jours de vacances chez le P. Ravier. *Quam bonum...* de revoir les confrères et de se remettre le cœur en place au contact de bons vieux amis!

La fête est complète, puisque le P. Grandpierre en fait partie. Quelles histoires de brigands à nous conter mutuellement, coquin de sort! Au mois de novembre, ce fut à nous de recevoir deux confrères du Delta, les RR. PP. Ramond et Martin, qui venaient visiter les montagnes et les rivières du Haut-Tonkin. J'avais réservé au P. Martin l'honneur de bénir la belle statue de l'archange saint Michel, placée dans l'église de Yên-Bai. Cet acte pieux accompli, nous allâmes, en joyeuse cavalcade, excursionner sur les bords du Sông-Chây et de la rivière Claire, nous arrêtant dans les chrétientés, et le long des chemins admirant la belle nature, non sans parler de l'avenir de cette Suisse indigène. La question de la division du Tonkin occidental se traitait entre Hanoï, Paris et Rome; je me doutais déjà bien un peu qu'un de mes hôtes serait bientôt le premier vicaire apostolique du Haut-Tonkin.

Mais, en attendant, sans une protection spéciale de Notre-

Pagode chinoise dans la citadelle de Lao-Kay

Dame du Rosaire, la Mission du Tonkin occidental allait courir le danger d'être mise en deuil de son évêque. Le 22 décembre, Mgr Gendreau se rendait tranquillement en pousse-pousse à l'inauguration du nouvel hôpital militaire d'Hanoï. Sa Grandeur récitait pieusement son chapelet lorsque tout à coup, au beau milieu de la rue Paul-Bert, un Européen, armé d'un fusil de chasse, lui tira presque à bout portant un coup chargé à balle. Le projectile effleura la soutane à la hauteur de la poitrine.

Ce tragique fait divers causa une vive émotion parmi toute la population du Tonkin, sans distinction de race ou de parti. Le gouverneur général, M. de Lanessan, fut le premier à féliciter l'évêque d'avoir échappé à cet odieux attentat. M. de Lanessan entretenait avec monseigneur les meilleures relations : il osait même se montrer bon prince en rendant à l'occasion hommage au patriotisme et au dévouement des missionnaires. Eau bénite de loge, dira-t-on, ne vaut rien pour faire un signe de croix; mais lavons-nous-en les mains.

Personnellement, sur la présentation bienveillante du colonel Servières, je reçus M. de Lanessan, lors de son passage à Yên-Bai, l'assurance de toucher la ration du troupier en campagne à titre d'aumônier volontaire sans traitement. Jusque-là, pour reconnaître mes services, le protectorat ne m'octroyait que l'*ad-mi-ration,* ce qui est très léger sur l'estomac. Malheureusement, de la coupe aux lèvres il y a loin : quelques jours après, mon espérance de ration tombait à l'eau avec le gouverneur général, arrêté en plein triomphe d'inaugurations de Lao-Kay à Lang-Son.

Malgré ce mécompte, le 25 décembre 1894, j'inaugurai, moi, mais après bénédiction préalable, une cloche de trois cents kilos, nouvellement arrivée d'Annecy-le-Vieux. Joyeusement elle tinta son premier Noël dans le clocher de Yên-Bai. Au clairon qui appelle aux armes, elle répond : « Fais ta prière... *Angelus Domini!* »

XXIX

Le général Servières et le colonel Vimard. — Nettoyage de la haute région dans le quatrième territoire. — Le P. Chotard et l'église de Tuyên-Quang. — Le P. Jean Robert et l'église de Son-Tây. — Création de la Mission du Haut-Tonkin. — Sacre de Mgr Ramond.

A la fin de 1894, le colonel Servières avait organisé une grande battue dans le but de procéder au nettoyage complet du quatrième territoire que les bandes chinoises continuaient à infester. Ce n'était pas une petite besogne, et plus d'une fois, comme au combat de Lang-Bâi (11 janvier 1895), nous eûmes à déplorer de notre côté des blessés et des morts. Cette campagne, vigoureusement menée, dura plusieurs mois; elle n'était pas encore terminée quand le colonel Servières, promu général de brigade pour ses brillants services de guerre au Tonkin, dut remettre le commandement du quatrième territoire militaire au lieutenant-colonel Vimard, de l'infanterie de marine.

Cet officier supérieur, homme d'intelligence et d'énergie, avait l'avantage de connaître parfaitement la haute région, ayant déjà précédemment commandé les cercles de Vân-Bu sur la rivière Noire, et de Lao-Kay sur le fleuve Rouge.

Malgré les faibles effectifs laissés à sa disposition, le colonel Vimard sut se montrer réellement à la hauteur de sa tâche : il ne laissa ni repos ni trêve aux pirates, qui furent poursuivis jusque dans les brousses impénétrables. Mais ces brigands-là tiennent de l'hydre : impossible de leur couper toutes les têtes d'un seul coup, sans cesse ils renaissent. Cependant, grâce aux efforts de nos troupes, tout le pays compris entre Yên-Bai et Phô-Lû fut mis à l'abri des incursions de l'ennemi. Les gens du Delta commencèrent à moins redouter la fièvre des bois ; des centaines de coolies et d'ouvriers osèrent s'aventurer jusqu'à Lao-Kay, où le protectorat fit construire des casernements confortables pour nos soldats. On respirait même plus librement en territoire militaire que dans certaines provinces civiles, et je sais des villages entiers qui, pour fuir les exactions des mandarins, ont été sur le point d'abandonner les tombeaux de leurs ancêtres afin de venir se placer sous ce que l'on appelle le régime du sabre. Pour mon compte, je m'en accommodais fort bien : toutes les fois que j'ai eu à faire quelques réclamations en faveur de gens qui s'adressaient à moi, chrétiens ou boudhistes, le lieutenant Dumestre et le capitaine Faret, chargés successivement du service civil du quatrième territoire, m'ont accueilli avec justice et bienveillance. Aussi c'était le beau temps, je ne faisais plus de mauvaises rencontres dans mes allées et venues continuelles, et je vaquais en paix à mes occupations de missionnaire.

Au commencement du mois de mars 1895, je donnais la mission à Ta-Xá avec le P. d'Abrigeon, quand je reçus une lettre de Mgr Gendreau, qui me chargeait de piloter à Tuyên-Quang le P. Chotard, nommé aumônier de l'hôpital de cette ville, où le service de santé envoyait des sœurs de Saint-Paul.

A Tuyên-Quang, je retrouvai comme gouverneur annamite l'ancien *Quan-A'n* (grand juge) de Hung-Hóa, qui m'avait si bien lâché lors de l'affaire de Hiên-Quan. Quand il me revit en chair et en os, bien vivant, le vieux malin m'accabla de protestations d'inaltérable dévouement, auxquelles je répondis sans trop d'émotion :

« Ah ! c'est vous, mandarin : j'en suis fort aise, je ne peux pas mieux tomber. L'évêque m'envoie ici pour installer le

Tuyên-Quang, vue prise de la citadelle.

R. P. Chotard, aumônier de l'ambulance et de la garnison. J'ose espérer, grand mandarin, que vous m'aiderez à trouver un terrain convenable pour bâtir une église. Le mamelon à côté du camp des tirailleurs ferait bien notre affaire. Si le colonel nous l'accorde, vous ne direz pas non, n'est-ce pas?

— Comment donc? mais certainement, cher et aimable Père Bác. »

Là-dessus nous fûmes, le P. Chotard et moi, chez le colonel Thomasset, commandant du troisième territoire militaire, qui, très bienveillant, nous conduisit lui-même voir le terrain en question. Séance tenante, il fit appeler le gouverneur pour lui demander son avis. Y avait-il quelque inconvénient à ce que la Mission obtînt la concession de ce mamelon sur lequel s'élevait autrefois une pagode détruite au moment du siège?

« Je n'en vois point du tout, disait chaleureusement le P. Chotard; le *ma qui* (diable) de céans ne me fait pas peur. »

Mais, moi, je craignais que le mandarin, superstitieux ou roublard, prétextât que la construction projetée sur ce terrain allait fatalement couper la veine et faire couler le sang du Dragon de l'Empire. Il n'en fut rien. Le mandarin espérait-il que le diable le débarrasserait du P. Chotard? J'aime mieux croire que la sainte Vierge, qui voulait être honorée à Tuyên-Quang, arrangea elle-même cette affaire.

Vu l'avis favorable des autorités française et annamite de la province de Tuyên-Quang, le protectorat accorda à la Mission la concession demandée. Mais, dans la suite, le gouverneur annamite suscita bien des difficultés au P. Chotard, qui, pour triompher, eut besoin plus d'une fois d'une énergie et d'une patience à toute épreuve.

Ce missionnaire remua ciel et terre, le ciel par la prière, la terre par la pioche, pour venir à bout de son entreprise. Une partie des fonds nécessaires fut fournie par l'œuvre de l'Aumônerie coloniale. Le reste sortit de la poche des officiers et des soldats de Tuyên-Quang, qui, voyant le P. Chotard se tuer à la besogne en travaillant de ses mains du matin jusqu'au soir, voulurent lui venir en aide. Aujourd'hui, au sommet du mamelon conquis sur l'ennemi, l'église de Tuyên-Quang s'élève gracieuse et coquette, dominant la ville et la citadelle [1].

Puisque j'en suis à parler constructeurs et constructions,

Église de Son-Tây.

j'aurai bien garde d'oublier le P. Jean Robert et l'église de Son-Tây dont Mgr Gendreau vint lui-même bénir la première pierre en grande cérémonie. M. Neyret, résident de France à Son-Tây, dont le P. J. Robert avait su se concilier l'estime, contribua plus que personne à la construction en fournissant une bonne partie des matériaux. Le P. Robert fut lui-même

---

[1] Le P. Chotard (Julien-Marie), né en 1853, à Bouvron, diocèse de Nantes, parti pour les missions en 1892, a rendu sa belle âme à Dieu le 4 novembre 1897, victime de son zèle et de son dévouement pour ses chers soldats de la garnison de Tuyên-Quang.

l'architecte et le maître-maçon de ce monument, qui d'ici longtemps sera l'œuvre d'art la plus réussie du Tonkin catholique.

Tel était l'état des choses dans le district de Xu'-Doài quand, au mois de juin 1895, Mgr Gendreau nous avisa, par une lettre-circulaire, que N. S. P. le Pape venait de lui donner pour coadjuteur le R. P. Alexandre Marcou, nommé évêque de Lysiade, et de choisir le R. P. Paul-Marie Ramond, nommé évêque de Linoé, comme premier vicaire apostolique de la Mission du Haut-Tonkin, séparée du Tonkin occidental. Cette grande nouvelle fut accueillie par tous avec le religieux respect dû aux décisions solennelles de l'autorité pontificale.

Depuis longtemps déjà la création de la Mission du Haut-Tonkin était à l'ordre du jour, et Mgr Theurel, prédeceseur de Mgr Puginier, l'avait déjà demandée. Mais les troubles qui agitèrent le pays n'avaient pas permis de donner suite à ce projet; retard très regrettable, car si, au lieu d'être un simple district, isolé pour ainsi dire du reste de la Mission, le Xù-Doài avait pu, dès l'arrivée des Français au Tonkin, former une unité, un groupe compact, avec un évêque, une douzaine de missionnaires et autant de prêtres indigènes, sans aucun doute le nombre des chrétiens aurait augmenté en plus forte proportion et l'influence des missionnaires se serait plus rapidement développée parmi les populations païennes qui, en ce moment-là, plus qu'aujourd'hui, auraient eu recours à eux comme à leurs protecteurs naturels. Bref, mieux vaut tard que jamais.

Le nouveau vicariat apostolique, formé des trois anciennes provinces de Son-Tây, Hung-Hóa, Tuyên-Quang, et des pays montagneux adjacents, s'étend des bords du Dài, entre Hanoï et Son-Tây, en remontant la rive droite du fleuve Rouge jusqu'à Viêt-Tri et de la rivière Claire jusqu'à la frontière de Yunnan. A l'ouest, il confine au Laos. C'est mon ancien district de 1886, augmenté de la grande paroisse de

Tuyên-Quang, sur la rive droite de la rivière Claire, quartier pris en amont de la citadelle.

Bâch-Lôc, au sud de Son-Tây. Nous connaissons donc déjà le pays.

Le personnel apostolique qui l'occupe mérite bien l'honneur d'une simple mention : les RR. PP. Jean Robert, aumônier de Son-Tây, Pichaud, dans la paroisse de Baû-No, Duhamel, dans la paroisse de Bâch-Lôc, Brossier, dans la paroisse de Duc-Phong, Chotard, aumônier de Tuyên-Quang, d'Abrigeon et votre serviteur, dans les trois paroisses de Yên-Tâp, Du-Bô et Sông-Chây. Tous, plus ou moins anciens soldats ayant fait campagne dans la Suisse tonkinoise, nous sommes prêts à présenter les armes à notre nouveau général et au brillant état-major qu'il amène avec lui : les RR. PP. Bessière, futur provicaire, Méchet et A. Robert, Chatellier et Granger. De plus, douze prêtres indigènes, tant anciens que nouveaux arrivants, et un petit bataillon de catéchistes. Quant au *nerf de la guerre*, l'argent, toujours l'argent, hélas ! je crois que malheureusement il fait plutôt défaut... Raison de plus pour placer sa confiance en Dieu seul et crier : « En avant, *in nomine Domini!* »

A la fin du mois de juillet, Mgr Gendreau amena lui-même Mgr Ramond jusqu'à Hà-Thach, et c'est là que le vicaire apostolique du Tonkin occidental remit, au nom du Saint-Père, les pouvoirs de juridiction au nouvel élu. Désormais la division du Haut-Tonkin est un fait accompli ; mais la jeune Mission n'oubliera pas sa mère. Les anciens missionnaires surtout, qui ont eu le bonheur de vivre ensemble sous la direction paternelle de Mgr Puginier et de Mgr Gendreau, ne feront jamais qu'un seul cœur et une seule âme.

Le 15 octobre, les missionnaires du Tonkin occidental et du Haut-Tonkin se retrouvent tous réunis à Hanoï pour le sacre des deux nouveaux évêques. Ce fut vraiment un grand jour pour le Tonkin catholique que celui où Mgr Gendreau, assisté des autres vicaires apostoliques français et espagnols du Tonkin, versa l'huile sainte des pontifes sur la tête de deux de

Une rue d'Hanoï, près des fossés de la citadelle.

ses missionnaires, hier nos confrères, aujourd'hui nos seigneurs. Le spectacle des imposantes et symboliques cérémonies du sacre, se déroulant sous les yeux de milliers de chrétiens européens et indigènes, faisait passer un tressaillement de vie dans tous les cœurs. Oui, elle vivait, cette jeune Église annamite, qui portait encore sur son front les sanglantes cicatrices de la persécution et des massacres ; oui, elle vit, toujours féconde ; elle est là toujours prête à de nouveaux combats.

Ad multos annos, messeigneurs ! et que le Saint-Esprit soit pour vous tous,

> *In labore requies,*
> *In æstu temperies,*
> *In fletu solatium!*

Quant à nous, missionnaires, avec l'enthousiasme des jeunes, aujourd'hui chantons en chœur, plus fièrement que d'habitude :

> Noble Tonkin, terre de Dieu bénie,
> Des héros de la foi glorieuse patrie,
> Je viens aussi pour te servir,
> Heureux pour toi de vivre et de mourir!

XXX

Installation de la mission à Hung-Hóa. — Proposition d'avancement pour Lao-Kay. — Dieu dispose, en route pour la haute rivière Claire. — Colonne du colonel Vallière. — Mon retour sans tambour ni trompette. — En étape de Yên-Bai à Trai-Hut.

Hung-Hóa, par sa position centrale au sommet du Delta et à l'entrée des montagnes de l'Ouest, à peu de distance des confluents de la rivière Noire et de la rivière Claire avec le fleuve Rouge, était tout naturellement indiqué comme capitale du vicariat apostolique du Haut-Tonkin.

Cette ville, peu peuplée et peu commerçante, n'a eu d'importance qu'à l'époque de la conquête du pays, pendant laquelle Hung-Hóa joua un assez grand rôle comme chef-lieu de cercle et de territoire militaire. C'était aussi le siège d'une résidence civile qui, après le retrait des troupes, s'installa dans la citadelle. Le bâtiment européen, construit d'abord pour le résident en dehors de l'enceinte fortifiée, fut alors mis en vente par le protectorat.

Mgr Gendreau en avait fait l'acquisition; mais le terrain de cet enclos étroit ne permettait pas de construire à côté de l'évêché une cathédrale, un grand séminaire et toutes les dépendances nécessaires pour l'installation d'une communauté. Grâce à la bonne volonté du résident, M. de Goy, administrateur intelligent et bien disposé, les choses s'arrangèrent à l'avantage de la ville et de la Mission : l'évêché du Haut-Tonkin fut maintenu à Hung-Hóa.

Les confrères s'y trouvaient à peu près tous réunis le 1ᵉʳ janvier 1896, pour offrir leurs souhaits de nouvel an à Mgr Ramond, et recevoir de lui le mot d'ordre. Pas de sinécures. Le R. P. Bessière, provicaire, était mis à la tête de la procure; le P. Méchet, nommé curé de la cathédrale à la condition qu'il en ferait et en exécuterait les plans; le P. Ambroise Robert, chargé de la fondation du collège de Hà-Thach encore *in partibus*; le P. Chatelier à Yên-Tâp; le P. Granger à Hà-Thach.

La situation des autres missionnaires n'était pas changée. Cependant monseigneur me pressentit au sujet de Lao-Kay, et séance tenante je me proposai comme volontaire pour ce poste d'avant-garde à la frontière du Yunnan : cent cinquante kilomètres d'avancement! — Mais il ne faut pas lâcher la proie pour l'ombre : j'attendrais pour quitter définitivement Yên-Bai qu'on m'y donnât un remplaçant. Cela ne tarderait guère. Des sœurs de Saint-Paul devaient bientôt monter prendre la direction de l'ambulance, et le protectorat allait demander un aumônier pour Yên-Bai comme pour Tuyên-Quang et Son-Tây. Alors je serais libre d'aller manger ma ration de troupier à Lao-Kay-les-Bains. Depuis quelques mois le gouvernement général m'octroyait cette indemnité en nature : j'étais budgétivore... sans le sou. Position sociale tout à fait avantageuse pour monter à Lao-Kay où j'aurais du pain sur la planche, tout en pouvant décemment faire la quête, par la parole et par la plume, pour la construction d'une église destinée aux besoins de la garnison. — Dieu aidant, ça marcherait tout seul... Tous les braves gens, colonel en tête, me donneraient un coup d'épaule, comme à Yên-Bai.

La chose irait à bien par nos soins diligents...

Je regagnai donc mes pénates en rêvant du futur clocher de Lao-Kay, et j'allais me préparer à faire un nouveau voyage de ce côté quand, le **7** janvier, je reçus une dépêche de monseigneur :

« Acceptez-vous d'accompagner colonne haute rivière Claire ? »

Courir au télégraphe pour répondre « oui » et recevoir cet ordre de route : « Partez ; trouverez instructions à Tuyên-Quang, » fut l'affaire d'un instant.

Le 8 au matin, malgré la pluie, me voilà en campagne. Cependant partir pour Hà-Giang quand on a déjà mis le cap sur Lao-Kay, c'est bien un peu se désorienter. Qu'y faire ? L'homme propose et Dieu dispose.

Après avoir passé la nuit à Han-Dà, chef-lieu de la paroisse du Sông-Chây, je continuai ma route sur Tuyên-Quang par Lang-Ngoï ; et bientôt je grimpais au galop le mamelon du P. Chotard, qui me reçut avec les honneurs de la guerre. Mais, hélas ! malgré toute ma diligence, j'étais en retard : le commandant Lyautey, qui très aimablement devait me prendre pour compagnon de route, était parti. Cet officier, en qui les sentiments chrétiens s'alliaient aux plus brillantes qualités militaires, arrivait de l'état-major pour prendre part à la colonne dirigée par le colonel Vallière. Il s'agissait de circonscrire les grosses bandes d'A-Coc-Thuong et de les rejeter en Chine, autrement dit de pacifier tout le pays compris entre Hà-Giang et Cao-Bang, achevant ainsi l'œuvre de Gallieni à Lang-Son.

On s'attendait bien à ce que cette colonne ne se ferait pas sans morts ni blessés, surtout sans beaucoup de malades ; et, pour ce motif, on ne trouvait pas mauvais qu'un missionnaire marchât de conserve avec nos braves soldats pour leur offrir les secours religieux en cas de besoin. Dans la dernière colonne du Pa-Nai (juin-juillet 1895), plusieurs blessés, entre autres le lieutenant Brissach, avaient vainement demandé un prêtre pour les aider à mourir en chrétiens ! J'étais donc heureux à la pensée que je pourrais rendre quelque service, dussé-je pour cela exposer ma vie.

Mais ma situation n'était pas bien définie : « Débrouillez-vous de façon à ne gêner personne, tout en faisant le plus de bien possible; sans être attaché à la colonne trouvez-vous comme par hasard partout où l'on aura besoin de vous : tâchez de gagner Hà-Giang et de vous y installer provisoirement pour tout le temps que dureront les opérations. » Tel était en somme le sens des instructions que je trouvai chez le P. Chotard; il n'y en avait même pas si long, simplement ceci : « Faites pour le mieux, mais ne vous exposez pas inutilement. » Et de fait, monseigneur ne pouvait pas me dire autre chose.

Malheureusement, j'avais manqué l'excellente occasion que m'offrait le commandant Lyautey. Force me fut d'attendre le prochain convoi de ravitaillement, qui ne devait partir que le 16 janvier. Je mis à profit ce retard pour me procurer tout ce dont j'aurais besoin le long du voyage : de Tuyên-Quang à Hà-Giang, en jonque, c'était au minimum trois bonnes semaines à rester à fond de cale. Cette peu agréable perspective ne m'effrayait guère : j'avais des vivres, des livres et, grâce à la complaisance du P. Chotard, qui me prêtait sa chapelle de campagne, il me serait possible de célébrer la sainte messe dans la jonque mise gracieusement à ma disposition par M. Fossion, entrepreneur des convois de la rivière Claire.

Tout était prêt pour le départ lorsque, le 15 janvier, on apprit que le commandant B... venait d'avoir une malheureuse affaire avec une forte bande chinoise du côté de Bâc-Quan: le capitaine Béranger avait été tué avec plusieurs hommes; un lieutenant, plusieurs sous-officiers et soldats blessés arrivaient à l'ambulance de Tuyên-Quang.

Pas de nouvelles du colonel Vallière, qui devait être déjà bien haut du côté d'Hà-Giang. Il y eut un moment d'inquiétude mortelle à Tuyên-Quang, presque complètement dégarni de troupes. A moins de contre-ordre, le convoi de ravitaillement devait quand même partir le lendemain matin.

Comme à tout le monde, la situation me paraissait très

grave; aussi, dans la nuit du 15 au 16, je réglai mes comptes avec le P. Chotard comme si, cette fois-là, je partais pour la gloire éternelle. Quand reverrais-je un confrère ?... et si les Chinois me laissaient arriver à Hà-Giang, j'allais me trouver là-haut tout à fait isolé du reste de la Mission, peut-être pour

Un poste sur le fleuve Rouge.

plusieurs mois. Enfin, si la Providence en avait ainsi décidé, tant pis, tant mieux; adieu Lao-Kay et le fleuve Rouge... Le missionnaire, comme le soldat, ne choisit pas l'endroit de sa tombe. A la garde de Dieu !...

Le 16 janvier, à cinq heures et demie du matin, après avoir célébré la messe devant la belle statue de Notre-Dame des Victoires dans la pauvre paillotte du P. Chotard, j'étais sur le quai pour m'embarquer : les hommes d'escorte, en tenue de guerre, prenaient place sur les jonques du convoi, lorsque le capitaine B..., une dépêche à la main, accourut donner contre-ordre.

Nous en étions quittes pour notre bonne volonté.

Le commandant Lyautey, revenu à Tuyên-Quang pendant la nuit, me faisait demander. Je le trouvai au lit, accablé de fatigue, revenant de Bac-Quan, où il avait remis toutes choses en ordre :

« Père, me dit-il en me tendant la main, dans les circonstances actuelles, impossible pour vous de partir... Je ne sais encore ce que va faire le colonel. Attendez à Tuyên-Quang. Je vous reverrai dans la journée.,. »

Rentré chez le P. Chotard, je me demandai avec lui ce qu'il y avait de mieux à faire.

D'après toutes les probabilités, le colonel allait être obligé de redescendre précipitamment du côté de Bac-Quan, qui deviendrait alors le centre des opérations. Dans ce cas, les blessés et les malades seraient évacués sur l'ambulance de Tuyên-Quang, comme cela s'était fait. Du reste, on ne me demandait pas officiellement comme aumônier, et en m'offrant comme tel je ne serais pas agréé : ma présence pouvait même devenir gênante. Puisque le voyage d'Hà-Giang était impossible, je n'avais plus qu'à faire demi-tour sans tambour ni trompette.

C'est ce que je fis, avec la meilleure intention du monde. Monseigneur approuva ma conduite, et j'ai conscience d'avoir accompli mon devoir, ayant fait tout mon possible.

Pour en finir avec cette histoire, je m'empresse de dire que le colonel Vallière, par son sang-froid, son énergie et son intelligence, réussit à mener à bien les opérations de cette colonne commencée dans de si pénibles difficultés. On ne peut trop répéter combien nos braves soldats ont fait preuve de courage et d'endurance dans cette guerre continuelle d'occupation, plus dure et non moins glorieuse que l'époque de la conquête. Honneur aux troupes du Tonkin !

De retour à Yên-Bai, je repris mon projet de voyage à Lao-Kay avec d'autant plus d'ardeur et de persévérance que le chef-lieu du quatrième territoire venait d'y être transféré. Le colonel Vimard y était déjà installé.

Le 20 février, je me mis en route par terre en profitant d'une petite escorte qui accompagnait deux sous-officiers de tirailleurs, rejoignant leurs postes dans la haute région. Malgré le mauvais temps, nous fîmes sans trop de peine la première étape de Yên-Bai à Ngoi-Hop où le chef de poste, le sergent Masse, un vieil ami de la première heure, nous offrit la plus cordiale hospitalité. Mais qu'il faisait froid, la nuit, dans la paillotte ouverte à tous les vents où je couchai tout habillé!

Au coup de clairon, vite en bas du lit de camp! courte prière de campagne, car il faut partir de bonne heure : aujourd'hui, l'étape sera dure de Ngoi-Hop à Trai-Hut, plus de trente kilomètres, par des chemins que le mauvais temps rend plus affreux que jamais. Une tasse de café noir et une petite goutte... tout le monde est prêt.

Un pauvre tirailleur, sorti la veille de l'ambulance, paraît tellement éreinté que le sergent chef du détachement doit le laisser à Ngoi-Hop.

Allons, les autres, du courage... En avant, marche!

Il pleut du brouillard, on patauge dans la boue glissante, il faut traverser les arroyos et se mettre à l'eau jusqu'au ventre. Malgré ça on chante :

> Il était une fois quat'z-hommes
> Conduits par un caporal!...
> Quand il pleut, dame ça vous mouille, etc., etc.

Mais les petits tirailleurs tonkinois, pieds nus, trouvent que ces promenades dans la brousse ne sont guère poétiques. C'est bon pour les Français d'être, comme les Portugais, toujours gais. En passant, il faut bien le dire, les tirailleurs ne sont pas payés pour ça... être gais. Dur métier, et solde très légère.

A la frontière surtout, quand on se bat contre les Chinois, ne faudrait-il pas encore par-dessus le marché avoir trop à tirer le diable par la queue. Si les officiers, en maintes circonstances, ne venaient en aide à leurs hommes, ceux-ci ne pourraient, comme on dit, joindre les deux bouts. Mais continuons à marquer le pas.

A midi nous faisons la grande halte dans... ou plutôt sous une case bâtie sur pilotis, dans un hameau dont les gens achèvent de *manger le têt* (fêtes du jour de l'an chinois). Cela déride les tirailleurs fatigués. Pour moi, missionnaire, je suis peiné de voir ces pauvres gens aller offrir au diable d'une pagode voisine les mets qu'ils tiennent de la paternelle Providence. Fasse le Ciel que bientôt la lumière de l'Évangile pénètre dans ces régions plongées dans les ténèbres de la mort!

Je fais, comme de juste, mon signe de croix avant de casser la croûte avec les deux sous-officiers, mes compagnons de route, deux gentils garçons, l'un Marseillais et l'autre Normand, anciens élèves de petits séminaires. Le premier me récite l'*Ave Maria* en grec... Χαιρε· Μαρια κεχαριτομενη, ο Χυριος μετα σου... Nous causons de notre jeune temps, sous le beau ciel de notre France... et bien lestés, frais et dispos, nous repartons dans la direction de Trai-Hut, où nous arrivons à la tombée de la nuit non sans avoir bien tiré la jambe. *Haud passibus æquis!*

XXXI

Un enterrement militaire. — Mort et obsèques du P. Thái, curé de Du-Bô. — Réception de Mgr Ramond à Yên-Bai. — Retraite des missionnaires à Hung-Hóa. — Fête-Dieu à Yên-Tâp. — Le nouveau Lao-Kay. — Mort du P. Ambroise Robert.

Triste contre-temps! Au poste, le télégraphiste militaire me remet une dépêche qui m'annonce le décès d'un officier et m'invite à redescendre à Yên-Bai pour faire les obsèques.

Impossible de voyager la nuit. Je passe donc la soirée à Trai-Hut, assis avec les sous-officiers de tirailleurs autour d'un brasier allumé dans une vieille caisse à farine, causant tristement de la mort du capitaine Chassard qui, il y a un mois à peine, avait lui aussi fait étape à Trai-Hut, très gai et plein de santé, en remontant comme nous à Lao-Kay.

Un de mes compagnons de route d'aujourd'hui, le sergent-major à l'*Ave Maria* en grec, qui est là si vivant à côté de moi, ne se doute pas, et moi non plus, qu'il ne doit pas revoir la France! Les morts vont vite au Tonkin.

Le lendemain, 22 février, au point du jour, je m'allonge tant bien que mal dans une barque avec deux habiles rameurs qui se font forts, malgré les rapides, de me déposer sain et sauf à Yên-Bai, vers les quatre heures du soir. Je fus bien un peu arrosé par les vagues; mais, avec des habits encore mouillés de la veille, c'est un demi-mal.

Les obsèques du capitaine eurent lieu avec toute la solennité religieuse et militaire possible. Je fis la levée du corps à l'ambulance en présence des officiers en grande tenue et de toutes les troupes de la garnison. Le convoi funèbre se rendit à l'église et au cimetière au milieu d'une haie de curieux indigènes, qui purent voir que si la religion catholique n'adore pas les morts, elle sait du moins les honorer comme ils le méritent.

> Ceux qui pieusement sont morts pour la patrie,
> Ont droit qu'à leur cercueil la foule vienne et prie.

Un malheur n'arrive jamais seul, dit-on.

Voilà qu'en sortant du cimetière français, il me faut partir tout de suite pour Du-Bô : le P. d'Abrigeon me télégraphie qu'il vient de fermer les yeux au P. Thái, le curé indigène de la paroisse.

Pas de barque, pas de cheval (le mien m'attend à Trai-Hut). Alors marche à pied jusqu'à Du-Bô.

En qualité de missionnaire chef du district, je ne peux me dispenser d'aller présider les obsèques de ce bon P. Thái, dont j'ai partagé pendant huit ans les travaux, les misères, les soucis!

Ce prêtre indigène avait rendu de grands services à la cause de la pacification du pays, et le protectorat les avait reconnus en lui décernant une médaille d'honneur. Depuis quelques mois il se mourait lentement, dévoré par un mal dont la nature n'a pu être bien définie : on soupçonna un empoisonnement. Quoi qu'il en soit, la Mission du Haut-Tonkin perdait en lui un prêtre zélé et estimé non seulement des chrétiens, mais encore des boudhistes. On le vit bien à ses funérailles, qui furent une véritable manifestation populaire.

En arrivant à Du-Bô, je trouvai les abords de la cure remplis d'une foule en deuil, qui peu à peu pénétrait dans le presbytère pour venir s'agenouiller et prier auprès du cercueil. Hommes et femmes, en longs habits blancs tristement effilochés (signe de deuil), leurs grands cheveux noirs déroulés sur les épaules, tous paraissaient plongés dans l'affliction la plus

Le fleuve Rouge à Lou-Kay.

sincère. C'est surtout au moment où, après la messe de *Requiem* et l'absoute, on descendit le cercueil dans la tombe, creusée au milieu de l'église, que les sanglots éclatèrent.

Dans les grands enterrements boudhistes, les parents et amis, renforcés de pleureuses de profession, doivent exhaler bruyamment leurs lamentations avec accompagnement de gong, de tam-tam, flûtes et hautbois.

Contrairement à ces habitudes nationales, plus démonstratives que sincères, l'enterrement du P. Thái n'eut rien que de pieux et chrétien ; un vrai deuil de paroissiens pleurant leur curé et, ce qui vaut mieux encore, priant pour lui.

De Du-Bô je continue à tourner le dos à Lao-Kay, en descendant à Yên-Tâp où Mgr Ramond arrive pour faire sa première tournée pastorale. Après la visite des chrétientés, le prélat a l'intention de monter jusqu'à Yên-Bai.

C'est le 24 mars que j'eus l'honneur de recevoir monseigneur, au son de la cloche de l'église Saint-Michel, qui faisait monter vers le ciel sa voix argentine, pendant que, de la place du marché jusqu'au portail de l'église, Fidaut (deuxième du nom) aboyait de son mieux contre les gamins tireurs de pétards, qu'il déchirait à belles dents, les pétards... pas les gamins.

En pays de missions, dans les brousses du Haut-Tonkin, vous pensez bien qu'on ne peut pas recevoir un évêque comme en France... et, — ma foi, je n'en sais rien, mais je le dis tout de même, — l'hôte épiscopal ne s'en trouve pas plus mal, au contraire, à en juger par son sourire affectueux et paternel. Cependant, grâce à l'amabilité du colonel d'Albignac, commandant du cercle, et des officiers de la garnison qui invitèrent monseigneur à déjeuner, Sa Grandeur n'a pu qu'emporter un bon souvenir de sa réception à Yên-Bai.

Le lundi de Quasimodo s'ouvrit à Hung-Hóa la première retraite générale des missionnaires du Haut-Tonkin. Tous nous étions heureux de nous trouver fraternellement réunis autour de notre vicaire apostolique dans le recueillement et la prière. Notre petit bataillon sacré venait de recevoir de Paris trois jeunes recrues, les PP. de Coomann, Laisi et Hue. Ce fut le dernier des trois — en âge et non en vertu — que Mgr Ramond me donna bientôt pour remplaçant à Yên-Bai, où il pourrait étudier la langue, tout en faisant le service de l'ambulance. Le P. Hue y arriva au mois de mai, en même temps que les bonnes sœurs de Saint-Paul de Chartres, qui venaient apporter à nos chers soldats malades leur dévouement et leurs soins maternels.

Une autre nomination à citer, c'est celle du P. d'Abrigeon, mon sympathique vicaire, que Sa Grandeur choisit pour secrétaire. Quel honneur pour moi, qu'on a toujours cru capable non pas de vendre, mais de donner les secrets pour rien! j'ai fourni, sinon formé, le premier secrétaire épiscopal du Haut-Tonkin!

Maintenant que j'ai remis mon district et mon vicaire entre bonnes mains, me voici libre de marcher de l'avant du côté de Lao-Kay!

En attendant que la chaloupe remonte là-haut, je descends à Yên-Tâp pour assister à la procession de la Fête-Dieu, avec le P. Chatellier et le P. Ambroise Robert. Grâce à une généreuse dame de Lyon, qui m'a fait cadeau d'un magnifique ostensoir, c'est la première fois que la paroisse de Yên-Tâp a le bonheur de suivre le saint Sacrement, porté en triomphe dans les belles allées bordées de bambous et de lataniers qui forment au-dessus du dais comme une voûte naturelle de fraîcheur et de verdure.

Deux mille chrétiens en habits de fête escortent Jésus-Hostie, qu'ils adorent dans la simplicité de leur foi et qui les bénit dans l'immensité de son amour pour les hommes. Le P. Ambroise Robert dirige les chants... Qui aurait pu penser que nous entendions pour la dernière fois les accents de sa superbe voix!

Après cette inoubliable solennité, nous nous serrons la main en nous disant joyeusement : « Au revoir au retour de Lao-Kay ! » Le P. Chatellier reste à la cure, le P. Ambroise retourne à Hâ-Thach et je vais prendre à Yên-Bai le bateau à vapeur du 24 juin.

Je vous fais grâce cette fois des péripéties de mon voyage à la frontière. Sans plus tarder, débarquons à Lao-Kay, le 25 juin, à six heures du soir. Tout est changé, transformé, excepté le bon cœur des personnes qui nous font gracieux accueil, en premier lieu le colonel et Mme Vimard.

Depuis deux ans, ou plutôt depuis six mois, quels progrès réalisés ! De la vieille citadelle de Lun-Vinh-Phuc, il ne reste plus que la pagode, quelques maisons chinoises et la partie des remparts qui longe le fleuve. Le sommet du mamelon est occupé par de jolis pavillons qui servent de résidence au colonel commandant le quatrième territoire, et de logements pour les officiers et l'effectif d'une compagnie de la légion étrangère. Le bureau des postes et télégraphes en avant sur le flanc de la colline, face au fleuve, présente l'aspect d'une magnifique villa. Toutes ces constructions franco-orientales en briques et en fer, couvertes en tôle ondulée, forment un tableau très coquet et très harmonieux de tons blancs et bleus qui se détachent sur le fond verdoyant des hautes montagnes de la frontière chinoise.

Côc-Lêu, sur la rive droite du fleuve Rouge, avec ses belles et vastes casernes et l'ambulance encore en construction, semble une ville neuve créée de toutes pièces. L'ancien camp des tirailleurs, détruit cet hiver par un incendie, se rebâtit tout en briques par les soldats indigènes habilement dirigés par leurs officiers. Il est grand temps que les troupes et les malades soient enfin logés d'une façon convenable, surtout au point de vue de l'hygiène. Le colonel Vimard active de toute son énergie l'achèvement des travaux entrepris par une maison d'Haï-Phong, que représente à Lao-Kay un vieux

Lao-Kay sur la rive gauche du fleuve Rouge.

tonkinois très connu, M. Saint-Amand. Quel casse-tête pour celui-ci que la direction et la surveillance de tous ces travaux dont les plans ont été faits par le génie militaire ! Tout un monde de maçons et de charpentiers annamites à faire travailler... et à payer !

Mais moi, que vais-je faire au milieu de tout cela ? Il va m'en coûter gros pour trouver des ouvriers au prix courant. Il faut d'abord choisir un bon emplacement. Le colonel a eu la bonté de m'en réserver un, pas loin de l'ambulance neuve, en face de l'embouchure du Nam-Thi; le clocher sera bien là, au milieu du village... que dis-je ? au centre des trois villes de Lao-Kay, Côc-Lêu et Song-Phong... quand on aura jeté des ponts sur le Nam-Thi et le fleuve Rouge, car cela arrivera un jour ou l'autre. Mais le diable commence par s'en mêler. Voilà que, malgré la bonne volonté du colonel, je dois renoncer à cet emplacement et en aller choisir un autre à l'extrémité sud du village de Côc-Lêu. A quelque chose malheur est bon : ici je serai plus au large; je pourrai avoir du terrain à cultiver autour de ma future maisonnette.

Du terrain, oui, en voilà... Allons, laboureur du Christ, un peu de courage !... Les martyrs, tes glorieux ancêtres, ont fondé l'Église dans leur sang. Tu peux bien, toi, te donner un peu de peine pour creuser ici, en face de la pagode chinoise, monument du diable et de l'orgueil, les fondations d'une chapelle dédiée au sacré Cœur de Jésus. La Providence y pourvoira. Plante toujours ici l'étendard du salut !...

Dans ces bonnes dispositions, je fis mes visites et trouvai partout des mains cordialement tendues, des portes largement ouvertes. Puis, après quelques jours passés à Lao-Kay, où j'habitais, dans la citadelle, le pagodon « du Bonheur et de la Vertu », — rien que cela, s'il vous plaît, — je dus redescendre à Hung-Hóa pour rendre compte à monseigneur de l'état des choses et faire approuver mes plans. C'était, du reste, la consigne donnée par Mgr Ramond qui, prudemment, ne voulait pas me laisser partir de l'avant sans savoir si je ne me casserais pas le cou.

Un affreux malheur, qui pouvait peut-être retarder l'installation de Lao-Kay, venait de frapper la jeune Mission du Haut-Tonkin. Le P. Ambroise Robert avait été emporté par le choléra, le 27 juin!

La ville pirate de Song-Phong, vue prise de Lao-Kay.

Ce zélé confrère, chargé de la fondation du collège de Hà-Thach, s'était dépensé corps et âme à cette œuvre pénible. En quelques mois il avait aménagé l'emplacement de tout le collège et construit sa maison, la classe de sixième, le réfectoire et les dépendances. La rentrée des premiers élèves allait pouvoir se faire. Le Père était un peu fatigué de l'estomac; mais rien de grave dans son état ne pouvait donner d'inquiétude. A la suite d'une course en plein midi, par une chaleur atroce, pour aller administrer un cholérique, il se sentit tellement affaissé que, soupçonnant le danger, il prit aussitôt une barque pour venir à Hung-Hóa.

Monseigneur le fit conduire sans retard à Son-Tây, chez le P. Jean Robert, où les soins les plus dévoués lui furent prodigués par le docteur Brochet, médecin de l'hôpital. Tout fut

Côc-Lêu; jonques militaires.
2. Légion.   1. Ambulance.   2. Tirailleurs.

inutile: le 27 juin, le P. Ambroise Robert, disant sans regret adieu à la terre, s'en allait au ciel jouir de la récompense réservée au bon et fidèle serviteur.

Le P. A. Robert, né à Saint-Étienne, était arrivé au Tonkin en 1888. Très intelligent et très actif, il fut distingué par Mgr Puginier, qui, malgré sa jeunesse, lui confia la direction de l'école française que la Mission venait de fonder à Hanoï. Le P. A. Robert s'acquitta de cette fonction difficile avec grand succès. Mais son zèle ardent se trouvait trop à l'étroit dans une chaire de français ; Mgr Puginier combla tous ses vœux en l'envoyant avec moi en Xú'-Doài (1886). Chargé ensuite, pendant plusieurs années, de gérer la procure de Hanoï, le P. A. Robert sut, dans ce poste important et délicat, se faire apprécier et estimer des Européens qui avaient quelque affaire à traiter avec la Mission. Quand il reprit la vie apostolique à la tête du district de Thanh-Hoà, et ensuite dans une partie du Nam-Xang, il laissa à Hanoï le plus sympathique souvenir. Lors de la division du Haut-Tonkin, Mgr Gendreau ne pouvait donner à Mgr Ramond un collaborateur plus précieux que le P. Ambroise. *Dominus abstulit !... Fiat voluntas Dei.*

A ses derniers moments, le cher P. Ambroise a eu l'amitié de prononcer mon nom. En finissant cette relation de mes dix ans de Haut-Tonkin, commencés si fraternellement avec lui le 6 août 1886, il est bien juste que je donne à sa mémoire ce trop faible, mais bien sincère hommage d'affectueux souvenir, et j'ose lui demander, à lui qui maintenant se repose dans le sein de Dieu, de vouloir bien, par le secours de sa prière, aider tous les confrères du Haut-Tonkin à travailler jusqu'au bout au bien et au progrès de notre chère Mission.

XXXII

Installation de la Mission à Lao-Kay. — Difficultés de la situation. — Une attaque nocturne de pirates. — Pose de la première pierre de l'église. — *Sursum corda!*

La mort du P. A. Robert ne modifia cependant pas les intentions de monseigneur au sujet de Lao-Kay; le R. P. Bessière, provicaire, fut mis à la tête du collège de Hà-Thach, et à Hung-Hóa le P. Méchet cumula les fonctions de procureur avec celles de curé et d'architecte de la cathédrale.

Mais nous voilà arrivés au mois de juillet, et mes *dix ans de Haut-Tonkin* expirent le 6 du mois d'août 1896. Je m'aperçois que, si je continue, cela fera onze au lieu de dix. Tant pis, ce qui est écrit est écrit. Du reste les troupiers du Tonkin ont assez l'habitude de faire ce qu'ils appellent du *rabiot*, c'est-à-dire du temps supplémentaire... Amis lecteurs, laissez-moi donc faire sept ou huit mois de *rabiot*, en un seul chapitre, après lequel je vous tirerai poliment ma révérence.

Pour ne pas me laisser embarquer sans biscuit, Mgr Ramond m'avança quelques dizaines de piastres sur les trois mille francs de l'œuvre de l'Aumônerie coloniale dont il disposait pour l'installation du poste de Lao-Kay. La pauvre Mission du Haut-Tonkin ne peut rien me donner, rien me promettre.

Et, d'après mes calculs, il me faudrait de vingt mille à vingt-cinq mille francs pour construire église, résidence et cercle militaire. Je voudrais les gagner à la pointe de ma plume!

Au commencement de septembre, je remonte à Lao-Kay,

pour tout de bon cette fois, emmenant deux catéchistes, un chrétien maître-charpentier, un domestique et tout mon campement. Le colonel veut bien encore mettre à ma disposition pour une quinzaine de jours le pagodon... du Bonheur et de la Vertu, où il n'y en avait pas traces avant moi... En ai-je laissé? Oui, bien sûr, car j'y ai célébré la sainte Messe... Mais il fait tellement chaud entre ces quatre murs qu'on y étouffe comme dans une étuve. Raison de plus pour pousser activement la construction de ma paillotte provisoire sur le terrain qui m'a été concédé à l'extrémité du village de Côc-Lêu. Un joli hangar en paille et bambous, divisés en trois compartiments, un pour mes catéchistes, un pour moi, et un pour le bon Dieu, qui veut bien chaque matin habiter au milieu de nous.

Ce *tabernaculum* fut solennellement inauguré le 29 septembre, fête de saint Michel, et quatre fois, le matin de ce beau jour, Notre-Seigneur y descendit sur l'autel. J'avais l'honneur, en effet, d'offrir l'hospitalité au P. Bodinier, provicaire du Kouy-Tchéou, et à deux jeunes missionnaires qui se rendaient au Yunnan. Pour une prise de possession, c'est de bon augure, n'est-ce pas?

Je profite du passage de ces chers confrères pour faire remarquer que si, en temps ordinaire, mes deux plus proches voisins, l'un à Yên-Bai au sud, l'autre à Montzé au nord, sont à cent cinquante kilomètres de moi, je ne resterai cependant jamais longtemps sans avoir le bonheur de voir des confrères, Lao-Kay étant désormais sur le passage des missionnaires du Yunnan et du Su-Tchuen; aller et retour sur Hong-Kong, *via* Lao-Kay. A quand le chemin de fer?...

Pour le moment, je ne songe qu'à acheter des matériaux: bois, briques, chaux, sable, et à trouver des ouvriers à bon marché. Les commencements sont durs. A Yên-Bai, j'avais encore le concours des chrétientés des environs. Ici, mon unique charpentier chrétien succombe bientôt aux atteintes de la fièvre ; mes catéchistes, qui se donnent beaucoup de peine pour m'aider, payent aussi leur tribut à cette terrible souveraine du pays.

Pour comble de malheur, le choléra se déclare parmi les nombreux coolies employés aux travaux des casernes. J'ai du moins la consolation de donner les derniers sacrements à quelques Annamites chrétiens, qui meurent bien heureux d'avoir eu un prêtre. — A l'ambulance militaire j'exerce aussi le saint ministère auprès des malades européens et indigènes. De temps en temps même, j'ai quelques baptêmes d'enfants de païens ou d'adultes *in articulo mortis*. Je remercie le bon Dieu qui me fait la grâce d'être utile à ces pauvres âmes.

D'un autre côté, si je suis très occupé, j'ai aussi quelques bons moments. Les officiers et les employés civils de Lao-Kay se montrent très aimables, et chacun se plaît à me rendre service. Une souscription organisée par le colonel Vimard, commandant le territoire, me procure pas mal de piastres; ça me permet de faire honneur à mes affaires de bâtisseur. Le colonel Pennequin, qui revient au Tonkin comme président de la commission d'abonnement de la frontière sino-annamite, me donne aussi un bon coup d'épaule en mettant à ma disposition pendant deux ou trois jours plusieurs dizaines de ses coolies chinois.

Grâce à toutes ces bonnes volontés, la construction de ma maison en briques marche assez vite. Il me tarde bien de l'habiter, car, dans ma paillotte, je suis à la merci du premier pirate qui voudra m'incendier. L'état du pays n'est guère rassurant. De tous côtés, les brigands chinois opèrent sur le territoire tonkinois. Nos troupes sont sur pied nuit et jour pour les poursuivre à gauche et à droite. Mais la connivence des mandarins impériaux permet aux bandes de chercher un refuge et de se procurer des armes à Song-Phong, ville chinoise, en face de Lao-Kay, de l'autre côté du Nam-Thi. De là à Côc-Lêu, il n'y a qu'un pas.

Dans la nuit du 28 novembre, m'étant couché tard et fatigué, je dormais profondément, quand, vers minuit et demie je fus réveillé en sursaut par des coups de fusil. Sauter à bas du lit et me coucher au rez-de-chaussée, c'est-à-dire à plat ventre, le revolver à la main, fut l'affaire d'une seconde. Mais voilà que ça flambe de l'autre côté de la rue, les bambous craquent, la lueur de l'incendie empourpre la nuit. Je me

La commission chinoise d'abonnement.

précipite dehors et me rends compte de l'imminence du danger. Tout le village indigène de Côc-Lêu est en feu : ma pauvre paillotte seule ne se trouve pas sous l'ouragan de flammes. Rien à faire qu'à rester l'arme au bras. Bientôt arrivent légionnaires et tirailleurs; les pirates sont partis, mais ils ont brûlé Côc-Lêu, tué et blessé plusieurs personnes, et montré une fois de plus qu'on a beau être près d'un poste français, on n'en reste pas moins toujours sous leur coupe.

Messieurs les pirates auraient pu se donner le plaisir de me faire passer la frontière, et de demander une forte rançon.

Sans doute ils ont cru que ma tête ne leur serait pas payée cher et qu'au contraire ils seraient, eux, obligés de la payer plus qu'elle ne valait. C'est la seule raison du respect dont j'ai été l'objet de leur part, dans cette circonstance. Ils en ont agi de même, quelque temps après, avec des officiers français à Lao-Kay même, lors du pillage d'une maison de jeu, laissant passer tranquillement ces messieurs devant la maison, avant d'y faire irruption à coups de revolver. Mais quand nos troupes étaient à leur poursuite, ces maudits pirates cherchaient à nous tuer du monde, et ils n'y réussissaient que trop. Dans une embuscade qu'ils tendirent à l'avant-garde d'une colonne, vers la fête de Noël, nous eûmes à déplorer la perte d'un adjudant français et d'une dizaine de tirailleurs. Heureusement la bravoure et le sang-froid du capitaine de Béchevel, de la légion étrangère, qui fonça sur l'ennemi le sabre et le revolver à la main, firent changer la face du combat; les Chinois prirent la fuite.

Voilà comme à Lao-Kay, à cette époque, il fallait tenir la truelle d'une main et le revolver de l'autre. La fête de Noël fut cependant pieusement célébrée par la garnison de Côc-Lêu. Je dis la messe de minuit dans la grande salle de la nouvelle ambulance qui n'était pas encore occupée par les malades. Le colonel, Mme Vimard, les officiers de Lao-Kay, passèrent le fleuve au milieu de la nuit pour venir y assister. On chanta « Minuit, chrétiens », et quelques cantiques de France.

Le 26 décembre, n'ayant pas de malades en danger à l'ambulance, laissant mes travaux en bon train, sous la direction d'un catéchiste, je profite du dernier voyage de la chaloupe pour descendre à la retraite annuelle des missionnaires qui devait avoir lieu à Hung-Hóa après le premier jour de l'an.

Jusque-là ma santé ne m'avait jamais donné d'inquiétudes. Grâce à Dieu, je n'avais jamais été arrêté par la maladie, et, depuis mon arrivée au Tonkin (juin 1879), il ne m'était pas encore arrivé une seule fois d'omettre la récitation de mon

La commission de délimitation.

bréviaire pour raison de santé. Mes courses continuelles et mes fréquents déplacements ne m'avaient jamais laissé le temps d'être pris par la fièvre d'une façon sérieuse. Le séjour de Lao-Kay devait me démolir.

Pendant la retraite de janvier 1897, je fus brusquement mis à bas; cependant, au bout de huit ou dix jours, je me relevai et pus remonter à Lao-Kay en jonque : voyage de dix jours.

Le soir où je fis escale à Trai-Hut, chez le jeune et aimable sous-lieutenant qui commandait le poste, M. L..., nous étions assis dans la cour au coin d'un bon feu en plein air, causant histoires de tigres et de brigands.

« Le tigre vient assez souvent rôder par ici, me disait M. L...; l'autre jour, il a failli se prendre dans le piège installé par le caporal télégraphiste. »

His dictis, les chiens de garde, qui donnaient de la voix auparavant, se faufilent tout honteux dans nos jambes... Malgré le bon feu, nous ne nous disons pas pourquoi, mais nous le savons bien, nous avons froid dans le dos. Il est temps de rentrer.

A peine étions-nous au blockaus, qu'on entend un grand bruit; le tirailleur de garde accourt :

« Le tigre, le tigre est pris dans la cage!

— Attention, allons-y tout doucement, avec beaucoup de précautions, car la bête scélérate est parente d'un certain Rodilard qui faisait le mort. »

La carabine Lebel à la main, nous mettons le nez à l'air, approchons un peu de la cage, et quand le caporal télégraphiste, aidé du sous-lieutenant et des sous-officiers, ont crânement tiré leur balle dans le corps du fauve, j'ose en faire autant. La bête était morte.

A mon retour à Lao-Kay, je peux m'installer dans ma nouvelle maison en briques, et c'est heureux, car aux environs du *têt* (jour de l'an annamite), et nous y sommes, les brigandages recommencent ou continuent de plus belle.

Le jour même que je revenais à Lao-Kay par voie de terre,

après une petite halte à Thaï-Niên, chez le capitaine Delaforge qui m'avait prêté son cheval, des Chinois massacrèrent plusieurs personnes dans un village sur l'autre rive du fleuve.

La construction de ma maison a absorbé les ressources provenant de l'Aumônerie coloniale; mais grâce à la souscription du quatrième territoire, grâce surtout au beau billet de mille d'un généreux catholique versaillais qui m'a défendu de le nommer, la première pierre de l'église de Lao-Kay peut être enfin posée.

Mgr Ramond m'avait donné l'autorisation d'en faire la bénédiction solennelle. Cette cérémonie eut lieu le dimanche, 20 février. Le colonel commandant le quatrième territoire avait la veille fait mettre au rapport de la place qu'il invitait tout le monde à y assister, religion et patriotisme étant synonymes. Aussi tous les officiers et soldats de la garnison non empêchés par le service répondirent à l'appel, et c'est au milieu d'une belle assistance militaire, en présence de Mme Vimard, représentant les dames de France, de M. Sainson, vice-consul à Ho-Kéou, et de tous les Européens de Lao-Kay, que j'ai accompli les rites de la bénédiction et pose de la première pierre de l'église, dédiée au sacré Cœur de Jésus qui aime les Francs, sous les vocables secondaires de saint Martin, patron de l'infanterie, et de sainte Barbe, patronne de l'artillerie.

Le procès-verbal de la cérémonie, écrit sur une peau de tambour, a été signé par toutes les notabilités présentes, et scellé dans la première pierre, un beau bloc de granit, provenant des démolitions de la citadelle de Luu-Vinh-Phùc.

Dans une allocution de circonstance, j'ai dit pourquoi le prêtre devait marcher côte à côte avec le soldat et le colon: *Ense, Cruce et Aratro,* et pourquoi, au milieu du village ou de la ville en création, à côté du drapeau de la France, il fallait un clocher surmonté de la croix.

Sursum corda! Dieu là-haut, l'espoir ici-bas! Avec cette

force dans le cœur, on ne trouve pas le sac trop lourd, et on marque le pas ferme jusqu'à la dernière étape.

Soldats et missionnaires du Haut-Tonkin, nous avons l'honneur et le devoir d'être les sentinelles avancées de la civilisation chrétienne sur les frontières sud de cet immense empire chinois, dont les ambitions anglo-allemandes sonnent le glas.

A nous, fils de la France, qui tenons ici la Croix et l'épée, à nous de revendiquer les droits acquis par l'effusion du sang généreux de tant de nos frères. Dieu aidant, nous ne faillirons pas à notre noble mission, et nous travaillerons jusqu'au bout, *in sudore aut sanguine* :

Pour Dieu et la patrie ! — Vive le Haut-Tonkin !

FIN

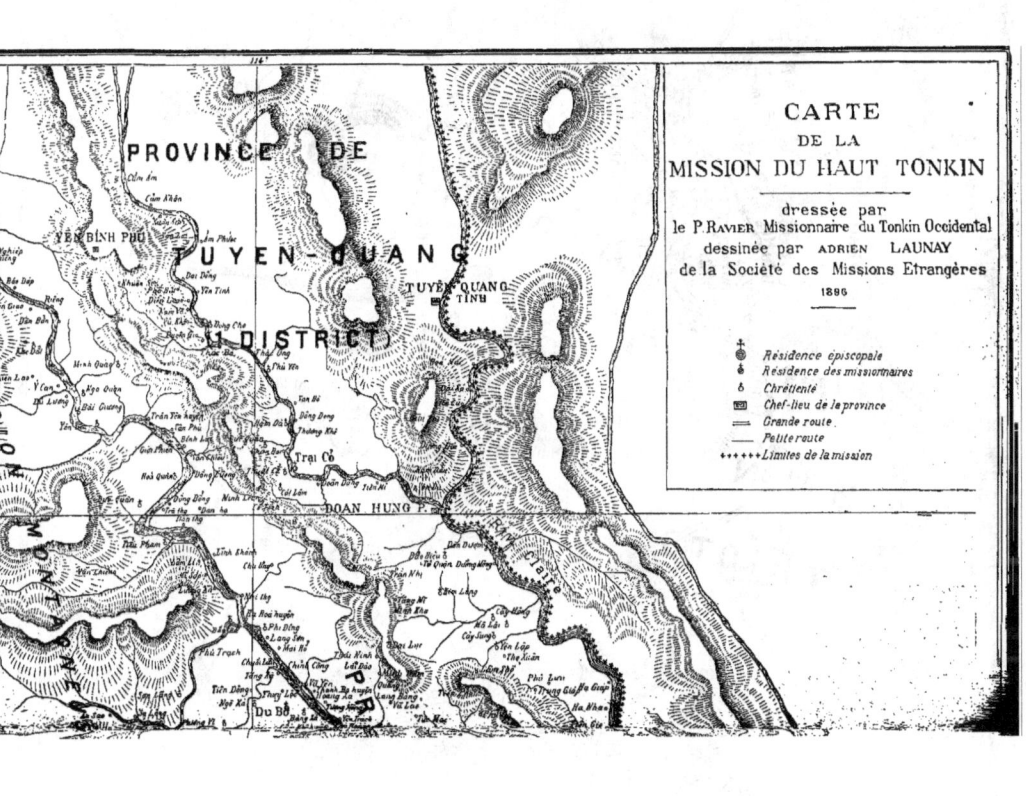

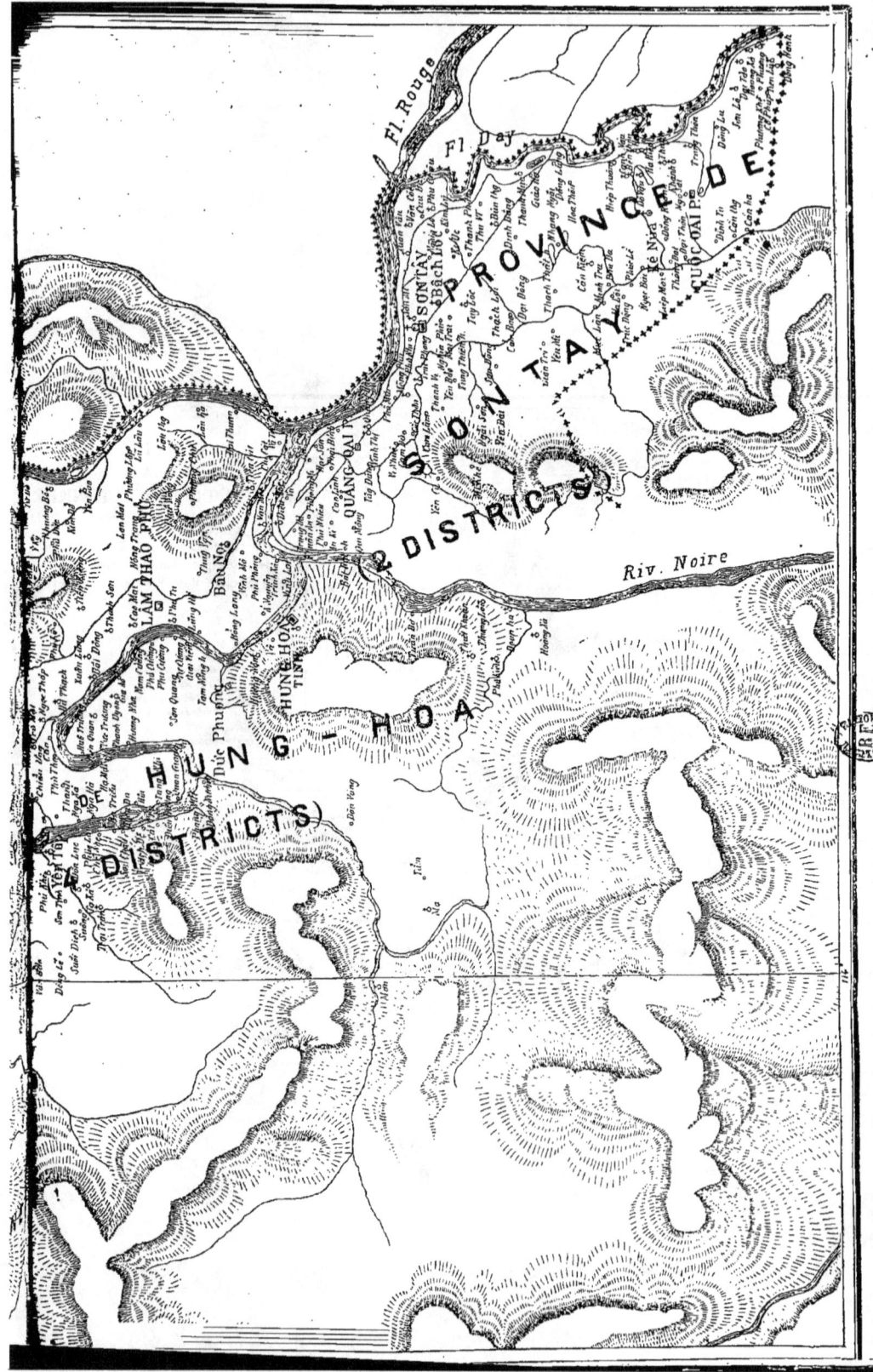

TABLE

I. — Préambule. — La Suisse tonkinoise. — Sur le fleuve Rouge. — De Hanoï à Son-Tây. — Un invalide. — Réunion fraternelle. — Morts et survivants. 9

II. — Son-Tây. — Souvenirs religieux et militaires. — Martyrs et soldats. 17

III. — Départ pour Baû-No. — Jubilé à Ngoc-Thàp. — Enlèvement du curé de Du-Bô. — Le Bô-Giàp. — Tiên-Kiêng. — Les spahis de Thanh-Mai. — Duc-Phong. — Le P. Câp. — Petite colonne. — Attention ! 24

IV. — Hoàng-Xà : autrefois et aujourd'hui. — Promenade chez un chef. — Alerte pour un cuissot de chevreuil. — Défiance officielle. — Deux incidents sans mauvais résultats. 31

V. — Une tombe d'officier à Hung-Hóa. — En jonque, de Baû-No au Sông-Chây. — Halte dans une famille chrétienne et chez un préfet. — Un chien fameux. — Vân-Ru : le tigre, les bords du Sông-Chây. — Triste situation d'un chef de canton. — Le premier de l'an loin de France. 39

VI. — La retraite à Ké-Sô. — Un coup de main clérical ; délivrance du P. Tuyên. — Le Dê-Kiêu. — Situation politique du pays. — Soyons discrets. — Le P. Bàc et son sosie 49

VII. — Difficulté à Ngô-Xà. — Regrettable méprise. — Histoire suggestive et fin tragique du boy Ba. — Le Quyên-Ao. — Rencontre fortuite avec un pirate. — Un vieil adjudant. 57

VIII. — Un rebelle devenu sous-préfet de Phù-Ninh. — Ce que rapportent les transactions et l'entente cordiale avec un mandarin. — Sous la surveillance de la police. — Érection de l'église de Ké-Som. — Mission à Mo'n-Ma, au pays muong. — Le P. Beaumont au Laos. — Le sous-préfet nous déclare ouvertement la guerre. 66

IX. — Une audience du Quan-A'n. — Ce que vaut la parole d'un magistrat annamite. — Un sergent trop zélé. — Emprisonnement d'un catéchiste. — Réception laïque chez un résident anticlérical. — Fête de Pâques à Lang-Bac. — Le lieutenant Blaise. — Incendie de la préfecture de Lam-Thao. 65

X. — Soulèvement de Cô. — Mort héroïque des gardes principaux Magnin et Doucet. — Comment on se débarrasse d'un pirate gênant. — Mandarins, interprètes et contribuables. — La fin d'un concussionnaire. — Un bel exemple de perception directe. 83

XI. — Triste état de la paroisse de Du-Bô (1888-1889). — La chrétienté de Phuong-Vi prise entre deux feux. — Le maire assassiné par les pirates. — Quelques exemples de protection providentielle. 92

XII. — L'affaire de Hoàng-Luong. — Un petit Judas. — Le capitaine Magnenot. — Assassinat de deux satellites. — Embarras des gens de Ngô-Xà. — Le lieutenant Moll 102

XIII. — Un coup de fusil après dîner. — Désarmement de la milice de Hung-Hóa. — Le Tuân-Phû-Dinh-Vân-Viuh. — Fondation de la chrétienté de Hung-Hóa. — Histoire d'un kropatscheck. — Mon district et mon cheval. — Dans la brousse. — Les pirates à nos trousses. 110

XIV. — Enlèvement du P. Khanh. — Vingt-huit jours d'un curé chez les pirates. — Habile conduite du résident. — Le Tuân-Phû de Hung-Hóa et le Quan-Huyên de Tam-Nông. — Le Dôi-Tô. — Tông-Duy-Tân et l'insurrection. — Fidélité des chrétiens. 120

XV. — Le commandant Bergounioux. — Une sortie inutile. — Le sous-lieutenant Ehrer et l'affaire de Quang-Nap. — Un habit rouge fait prisonnier. — Un coup de porte-voix. — Le Dôc-Ngû à Thach-Khoàn. 128

XVI. — Un agent de renseignements clérical et volontaire. — Difficultés du métier. — La fête nationale à Dûc-Phong. — Une réunion à Son-Tây, déjeuner politique. — Mort du sous-lieutenant Margaine. — Comment on s'explique carrément. 139

XVII. — Nouveaux succès du Dôc-Ngû. — L'affaire de Bang-Hi et la mort de l'inspecteur Moulin. — Incendie de la prison de Son-Tây. — M. Bès d'Albaret. — Une attaque de fauves. — Évasion des prisonniers de Hung-Hóa. — Baptêmes de condamnés à mort 147

XVIII. — Le maire et la nouvelle chrétienté de Phû-Lô. — Quelques types influents : Nguyên-Tiên. — Ba-Hai. — Quan-Zinh et Dôc-Ruc. — Joli début de M. W... à Hung-Hóa 158

XIX. — Fête de Noël 1890 à Du-Bô. — Sac de Cho-Bô et massacre de

M. Rougery. — Succès de nos troupes à Xom-Gion. — Alerte de Baù-No. — Complot contre le missionnaire 167

XX. — Une attaque de brigands. — Le missionnaire échappe comme miraculeusement à la mort. — Massacre dans l'église de Hiên-Quan. 177

XXI. — Conclusion du drame de Hiên-Quan. — Justice mixte! — Destruction de Baù-No : enlèvement et assassinat du P. Khoân. — Le Dôc-Duc. — Brûlade de Trung-Hà 186

XXII. — Création des territoires militaires. — Du Sông-Chây à Tuyên-Quang. — La colonne de Hoà-Môc. — Le premier de l'an 1892 à Tuyên-Quang. — En campagne apostolique. — Dernière visite à Mgr Puginier 196

XXIII. — Le colonel Pennequin et le Dôc-Duc. — Le *Lao-Kay* au fond de la rivière Claire. — Providence particulière. — Inquiétudes au sujet de Mgr Puginier 205

XXIX. — Mort de Mgr Puginier. — Mgr Gendreau, vicaire apostolique. — Mon retour à Hung-Hóa. — Dernier succès du Dôc-Ngû. — Habile politique du colonel Pennequin. — Soumission du Dê-Kiêu 214

XXV. — Noël 1892 à Duc-Phong. — Visite pastorale de Mgr Gendreau. — Progrès de la pacification sur les bords du fleuve Rouge. — Le *Moulun* à Lao-Kay 223

XXVI. — Yên-Bai, chef-lieu du quatrième territoire. — Le colonel Pennequin et l'église de Yên-Bai. — Généreux concours des troupes. — Pour nos soldats! — Saint Michel et l'Œuvre de l'aumônerie coloniale. — Le jeudi saint a bord du *Moulun*. — Service funèbre pour les morts du quatrième territoire 232

XXVII. — Petite guerre de religion entre soldats et missionnaires. — La légion étrangère. — Le légionnaire alsacien. — La mort du soldat chrétien. — Un rengagé qui a bon cœur. — Pour la poutre du clocher et l'enterrement solennel. — La chrétienté de Phuc-Loc 240

XXVIII. — Premier voyage à Lao-Kay. — La vallée du haut fleuve Rouge. — Les moines dans la brousse. — Postes militaires. — Messe dans la vieille citadelle de Luu-Vinh-Phùc. — Le 23 juin 1894. — Entre vieux amis. — Attentat contre Mgr Gendreau. — M. de Lanessan et les missionnaires. — La cloche de Yên-Bai 251

XXIX. — Le général Servières et le colonel Vimard. — Nettoyage de la haute région dans le quatrième territoire. — Le P. Chotard et l'église de Tuyên-Quang. — Le P. Jean Robert et l'église de Son-Tây. — Création de la Mission du Haut-Tonkin. — Sacre de Mgr Ramond . . 259

XXX. — Installation de la Mission à Hung-Hôa. — Proposition d'avancement pour Lao-Kay. — Dieu dispose. En route pour la haute rivière Claire. — Colonne du colonel Vallière. — Mon retour sans tambour ni trompette. — En étape de Yên-Bai à Trai-Hut 269

XXXI. — Un enterrement militaire. — Mort et obsèques du P. Thai curé de Du-Bô. — Réception de Mgr Ramond à Yên-Bai. — Retraite des missionnaires à Hung-Hôa. — Fête-Dieu à Yên-Tâp. — Le nouveau Lao-Kay. — Mort du P. Ambroise Robert 277

XXXII. — Installation de la Mission à Lao-Kay. — Difficultés de la situation. — Une attaque nocturne de pirates. — Pose de la première pierre de l'église. — *Sursum corda!*. 288

28763. — Tours, impr. Mame.

NOUVELLE COLLECTION

FORMAT GRAND IN-8° CARRÉ

Dix ans de Haut-Tonkin, par L. Girod; 80 gravures.

Été de la Saint-Martin (l'), Souvenirs et rêveries du soir, par le marquis de Ségur; 22 gravures.

Sainte Geneviève et son temps; 30 gravures et une carte.

Yankees et Canadiens, Impressions de voyage en Amérique, par L. Lacroix; 28 gravures.

www.ingramcontent.com/pod-product-compliance
Lightning Source LLC
Chambersburg PA
CBHW071512160426
43196CB00010B/1498